겁쟁이를 위한 주식 투자

겁쟁이를 위한 주식 투자

다치바나 아키라 지음 | 오시연 옮김

북스넛
Booksnut

겁쟁이를 위한 주식 투자

초판 1쇄 인쇄 | 2012년 1월 1일
초판 1쇄 발행 | 2012년 1월 10일
지은이 | 다치바나 아키라
옮긴이 | 오시연
발행인 | 문정신
발행처 | 북스넛
등록 | 제1-3095호
주소 | 서울시 마포구 성산동 112-7 예건빌딩 3층
전화 | 02-325-2505
팩스 | 02-325-2506

ISBN 978-89-91186-73-6 13320

※ 일러두기 : 본문에 등장하는 용어나 사건에 대한 각주 및 부연 설명은 옮긴이가 독자들의 이해를 위해 덧붙인 것입니다.

"어떤 사람이 주식 투자를 잘 하나요?"

참 많이 듣는 질문이다. 난 이런 질문을 받을 때마다 이렇게 답한다. "노예 근성이 있는 사람이요."라고.

주식 투자를 적어도 5년 정도 해본 사람은 잘 알 것이다. 시장은 아주 '제멋대로'라는 사실을 말이다.

어떤 명인은 시장을 'Mr. 마켓'이라고 부르며 "시장은 항상 옳다."라고도 하지만, 그건 주식 시장이란 녀석을 너무 미화시킨 표현이다.

주식 시장은 먼 옛날 로마의 악명 높은 폭군 칼리굴라보다 100배는 더 잔인하고, 표독스럽고, 변덕스럽고, 괴팍한 괴물 같은 놈이다. 그런데 너무나 안타까운 사실은 우리가 주식으로 돈을 벌려면 이런 괴물과 상대해야 한다는 데 있다.

난 주식으로 돈 좀 벌었다는 사람을 꽤 많이 만나봤다. 그들의 일관된 특징은 지극히 객관적인 소견이지만 바로 '줏대가 없다'는 것이었다. 앞서 말한 '노예 근성'의 소유자들이었다.

간단했다. 주가가 오르면 "주인님, 감사합니다." 하며 바로 뒤따라서 주식을 샀다가, 주가가 하락하면 "아이고, 주인님, 제가 잘못했습니다."라며 눈 딱 감고 팔았던 사람들이었던 것이다.

반면, 희한하게도 평소 투자업계에서 '승부사'라고 평가받거나 '대범하다'고 칭찬받는 사람들의 대부분은 아주 큰 '쪽박'을 찬 경우가 많았다. 소신을 갖고 장기투자한 사람이나, 용기와 배짱으로 시장에 맞선 사람들 중에서 수많은 주식 책에서 말하는 대로 '돈을 벌었다'는 사람은 거의 만나보지 못했다.

이 책은 제목 그대로 겁쟁이를 위한 책이지만, 어떤 의미에서는 겁쟁이가 되어야만 주식으로 돈을 벌 수 있다는 사실을 이야기하는 책이기도 하다. 그래서 그 점이 참 좋았다. 난 적어도 주식 투자에서만큼은 겁쟁이들의 성공 확률이 높다는 것을 눈으로 직접 확인했기 때문이다.

혹시 스스로를 주식 투자를 하기에는 너무 통이 작은 겁쟁이라고 생각하는가? 그럼 이 책을 읽어야 한다. 혹시 지금 시장과 언제든 맞서 싸워 승리할 수 있다는 자신감으로 충만해 있는가? 이런 사람 역시 이 책을 정독할 필요가 있다. 그리고 근거 없는 자신감을 버리고, 겁쟁이가 되기를 권한다.

주식 투자에서만큼은 겁쟁이가 '장땡'이다. 그걸 배워야 한다.

정철진

《대한민국 20대 재테크에 미쳐라》의 저자, sbs라디오 러브 FM '정철진의 스마트 경제' 진행자

겁쟁이에게는
겁쟁이만의 투자 방법이 있다

내가 처음 주식에 흥미를 느낀 것은 1995년이다. 고베 대지진이 발생하고 신흥종교단체인 옴진리교가 지하철에 독가스를 살포하는 테러를 일으켜 일본이 대혼란에 빠진 해라고 하면 기억이 날 것이다.

그해 가을, 마이크로소프트의 윈도우95가 전 세계적으로 발매되어 일본에서도 본격적인 인터넷 시대가 막을 열었다. 나는 그때 《빌 게이츠의 미래로 가는 길 Bill Gates:The Load Ahead》을 읽고는 가슴이 벅차올라 이 혁명가가 경영하는 회사에 투자하고 싶은 생각이 들었다. 그래서 난생처음으로 회사 근처에 있는 최대 증권사의 지점에 주식을 사러 갔다.

내가 생애 처음으로 만난 증권사의 직원은 조금은 세상을 삐딱하게 볼 것 같은 아저씨였다. 그는 미소를 띠며 공손하게 말했다.

"마이크로소프트? 그런 회사도 있나요?"

그러면서 내게 카운터 한쪽 구석에 놓여 있던 소책자를 넌지시 건

넸다.

"주식 투자를 하려면 좀 더 알아보고 하는 게 좋겠습니다."

주식 투자에 대해서 전혀 지식이 없었던 나는 증권사에 가기만 하면 아무 주식이나 다 살 수 있는 줄 알았다. 이런 나도 문제가 있었지만 마이크로소프트라는 회사 이름을 처음 듣는다고 한 그 아저씨도 문제가 있기는 했다.

그때 내가 건네받은 책자는 〈주식 첫걸음〉이라는 제목의 얇은 책이었다. 표지에는 동자승이 정좌를 한 채 〈일본경제신문〉과 상장 기업에 대한 정보를 수록한 〈회사사계보會社四季報〉를 읽고 있는 깜찍한 그림이 그려져 있었다. 나는 그 책을 펄럭펄럭 넘기며 "뭐야, 주식 이거 별것도 아니네."라고 생각했다.

"싸게 사서 비싸게 팔면 되는 거 아닌가?"

나는 그 길로 서점에 가서 주식 입문서를 몇 권 샀다. 출퇴근길 지하철에서 3일 만에 그 책들을 독파했지만 나는 오히려 혼란에 빠지고 말았다. 그래서 다시 서점으로 가서 다른 입문서를 샀다. 그런 식으로 수십 권을 읽은 다음에야 (원래 한 가지 일에 빠지면 끝장을 보는 성격이라) 깨달았다. 주식 투자로 큰돈을 벌 수 있는 비법을 알았다는 게 아니다. 무수히 많은 관련 서적을 읽으면 읽을수록 오히려 내가 더 혼란에 빠지게 된 이유를 깨달았다는 것이다.

21세기에 들어서 '글로벌 자본주의'다, '시장원리주의'다 하는 말들이 유행하기 시작했다. 그러면서 언젠가부터 사람들 사이에서는 "아직도 주식을 안 한다고? 그래서 요즘 세상을 어떻게 살려고 그래?"라고 부추기는 풍조가 만연해졌다. "주식? 왠지 나는 못 믿겠단 말이야."라고 말하던 사람들도 27세인 무직의 데이트레이더day trader가 마우스 클릭 한 번으로 20억 엔을 벌어들였다거나, 주식 시장에서 시가총액 1조 엔을 자랑하던 기업의 총수가 증권거래법 위반으로 하루 아침에 감옥에 갇히는 신세가 되었다는 이야기에는 귀를 쫑긋 세운다. 주식 투자를 하는 사람들에게 의심스러운 눈치를 보내던 사람도 일단은 내용이 무엇인지 알아보기나 해야겠다는 마음에 서점으로 간다. 마치 1995년의 나처럼.

그러나 주식 입문서를 아무리 열심히 읽어도 주식의 실체는 도무지 알 수가 없다. 왜 그럴까? 독자가 이해할 수 없도록 쓰여 있기 때문이다.

아주 간단하게 말하면 주식 시장에는 서로 모순된 세 가지의 생각이 떠돈다. 이들은 각기 자기 입장에서만 떠들어댄다. 이들의 공통점이라면 일단 어려운 공식을 내세운다는 것이다. 그 다음에는 이해가 불가능한 그래프나 차트를 들이댄다. 그리고는 알아들을 수 없는 전문용어를 읊어댄다. 주식의 '주' 자도 모르는 일반인들을 혼란스럽게만 한다. 어느새 주식을 모르는 사람은 시류에 뒤떨어진 무지하고 어리석은 사람이 되어버린다.

사람들을 더욱 혼란에 빠뜨리는 것이 애널리스트와 펀드매니저라고 불리는 금융업계의 엘리트 샐러리맨 집단이다. 그들은 투자자를 우왕좌왕하게 만들어 주식이나 펀드를 사고팔게 하는 일에만 혈안이 되어 있다. 그들은 하나같이 자신만만한 목소리로 "내가 다 아니까 나만 믿으시오."라고 신의 계시 같은 말을 한다. 이런 도깨비 소굴 같은 곳에서 투자자들이 지도 한 장 없이 목적지를 찾아간다는 것 자체가 애초부터 불가능한 일이다.

나라가 과도한 빚 때문에 파산한다는 둥, 국민연금을 받을 수 없을 거라는 둥, 국민 대다수가 머지않아 하층민으로 전락할 거라는 식으로 소심한 사람들을 위협하는 말들이 여기저기에서 확산되고 있다.

주식평론가, 경제학자, 자산관리사, 경제 저널리스트 같은 '금융의 프로'들은 입을 모아 이렇게 말한다.

"우체국 예금이나 은행 예금만 믿고 있다가는 '국가 파산'과 '하이퍼인플레이션'이라는 위기가 닥쳤을 때 지금 가진 자산의 전부를 잃고 맙니다. 앞으로는 리스크를 감수하고서라도 자신의 자산을 지켜야 합니다."

그들의 주장이 틀린 것은 아니다. 살아가면서 위기의식을 갖는 것은 중요하다. 문제는 그들의 선동에 넘어가 아무 준비도 없이 주식 투자의 바다를 향해 노를 저었다가 난파되어 속수무책으로 침몰하는 사람들이 끊이지 않고 있다는 점이다.

주식 시장은 인간의 욕망이 낳은 거대한 미궁이다. 그곳에서 무슨 일이 일어날지는 아무도 모른다.

'금융의 프로'들이 올바른 길을 가르쳐주지 않는다면 내 힘으로 걸어갈 수밖에 없다.

겁쟁이에게는 겁쟁이만의 투자법이 있다.

이 책을 읽고 "주식 투자, 이제는 무섭지 않다."라고 생각하는 이가 한 명이라도 있다면 정말 기쁘겠다.

1부
주식 시장의 진실과 거짓말

1장 | 100만 엔이 100억 엔이 되는 이유

2장 | 일본을 뒤흔든 주가조작 사건으로 배우는 주식 시장

3부
생초보를 위한 투자법

1부

주식 시장의 진실과 거짓말

100만 엔이
100억 엔이 되는 이유

의미심장한 실화,
제이콤남

2005년 12월, 한 증권사의 신입사원이 도쿄증권거래소 마더스•에 신규 상장된 제이콤••의 주식을 61만 엔에 1주 매도하려다가 실수로 1엔에 61만주 매도 주문을 입력하고 말았다. 이 잘못된 주문 때문에 그 증권사는 약 400억 엔에 이르는 손실을 입었다. 반면, 이 기회를 놓치지 않은 한 남자가 있었으니 '제이콤남男'으로 불리는 사람이다. 그는 16분 만에 20억 엔이 넘는 이익을 거머쥐었다. 27세의 젊은 나이에다 백수였던 이 남성은 단번에 유명인이 되었다. 그는 언론과의 인터뷰에서 "5년 전부터 대학생 시절 아르바이트로 모은 160만 엔을 밑천으로 주식 투자를 시작했다. 현재 자산은 100억 엔 정도이다."라고 말했다. 여기서 말한 '자산'이 투자총액인지 순이익인지는 알 수 없지만, 정말 100만 엔(실제는 160만 엔이었지만 편의상 100만 엔이라고 해보자)이 100억 엔이 되었다면 불과 5년 만에 돈이 1만 배 증가했다는 말이다. 이것이 어느 정도인가 생각해보면 매년 자산이 10배씩 증가해야만 100만 엔이 5년째에 100억 엔이 될 수 있다. 연이율 900%라는 믿기지 않는 운용 실적을 거둔 것이다. 은행의 예금 금리는 고작 연 0.001%인데 말이다.

이 이야기를 들은 사람들은 열이면 열 이렇게 반응한다.

"도대체 어떻게 하면 그렇게 되는가?"

그런데 이상하게도 '금융의 프로'라는 사람들은 서민들의 이 소박한 질문에 대답해주지 않는다. 평소에는 그렇게 잘난 척하더니 갑자기 고개를 푹 숙이고 벙어리가 된다. 그 이유는 무엇일까?

그들은 제이콤남의 존재를 이 세상에서 지워버리고 싶어 한다. 왜냐고? 아무도 5년 동안 자산을 1만 배로 불릴 수 있는 방법을 모르니까. 집 근처에 사는 초등학생이 "아저씨는 프로라면서 백수 아저씨도 할 수 있는 일을 왜 못 해요?"라고 물으면 자존심이 상하지 않겠는가? 이야기는 여기서 끝나지 않는다.

한 잡지의 기사에 따르면, 제이콤남은 대학생 때부터 주식 거래에 관심을 갖기 시작했지만 이른바 '주식 투자에서 필수'로 여겨지는 PER^{Price Earnings Ratio} ●●● 이나 PBR^{Price Book-value Ratio} ●●●● 같은 전문 지식에는

전혀 흥미가 없다고 한다. 그뿐 아니라 자신이 매매하는 회사가 무슨 일을 하는지도 잘 모른다고 한다. 주가의 움직임을 보면서 바쁘게 매도와 매수를 반복하는 데이트레이딩Day trading이나 스윙Swing 기법에서 그러한 지식은 그다지 도움이 되지 않기 때문이다.

참으로 우화 같은 실화가 아닌가.

주식 투자에도 프로가 있을까

프로 장기 기사는 어릴 때부터 프로 기사 전문 양성 기관인 신진기사장려회에서 교육을 받고 엄격한 승급과 승단 시험을 통과한 사람이다. 만화에서라면 모를까, 인터넷 장기 게임을 하면서 독자적인 전법을 개발한 젊은이가 어느 날 갑자기 장기명인전에 혜성처럼 나타나 천재 기사로 불리는 하부 요시하루羽生 善治 •를 격파하는 일은 있을 수 없다. 프로 기사는 타고난 재능도 중요하지만 철저한 훈련과 방대한 기보棋譜에 대한 연구 성과를 바탕으로 대전에 나서기 때문이다.

또 프로 축구선수를 생각해보자. 한일 월드컵을 보고 감동한 무명의 젊은이가 길거리 축구로 실력을 갈고닦아 4년 뒤에 열린 월드컵에서 브라질의 스타 호나우지뉴와 최우수선수 자리를 놓고 다툰다는 이야기는 만화 소재로도 쓰지 못할 만큼 황당무계하다.

• 중학교 3학년 때인 1985년 프로 기사가 되어 지금까지 36차례나 우승한 장기의 명인.

이것은 장기나 축구에 국한되지 않는다. 대부분의 경기에서는 프로와 아마추어 사이에 높은 벽이 존재한다. 프로란 경기(또는 게임)를 통해 생계를 이어나가는 부류의 사람이 아니라 아마추어가 아무리 노력해도 도달할 수 없는 경지에 있는 사람들을 지칭하는 말이다.

금융업계에서는 주식 운용의 프로를 펀드매니저라고 한다. 그들의 실적은 주식 시장의 평균치인 종합주가지수(주가 인덱스)와 비교하여 결정된다. 그해의 운용 실적이 평균주가를 조금이라도 상회하면 보너스가 지급되고 그 반대라면 연봉이 삭감된다. 그래서 그들은 매년 운용 실적이 평균주가보다 0.1% 플러스다 마이너스다 말하며 호들갑을 떤다. '운용 수익률 900%'에 비하면 발가락의 때만도 못한 실적인데도 말이다.

그렇다면 '주식 운용의 프로'란 무엇인가?

우선 프로가 존재하지 않는 게임을 생각해보자. 예를 들어 동전 던지기 게임에서 원칙적으로 프로는 존재하지 않는다. 동전이 앞면이 나올지 뒷면이 나올지는 우연에 의해 결정되며 그 확률은 (속임수를 쓰지 않는 한) 반반이다. 로또 복권의 세계에도 프로는 없다. 당첨번호는 우연에 의해 결정되기 때문에 1등이 나오는 판매점이나 당첨되기 쉬운 숫자의 조합 같은 것은 있을 수 없다(수상쩍은 로또 필승법을 판매하는 '프로'는 있지만).

룰렛이나 주사위 등 승패가 우연으로 결정되는 게임에 프로는 없다. 반면, 바둑이나 장기에는 프로와 아마추어 사이에 넘을 수 없는 역량의 차이가 존재한다. 강자일수록 승률이 높다. 이 세계에 우연이라는 요소가 비집고 들어갈 틈은 아주 미미하다. 이런 프로들의 세계에서 아마추어가 이기는 일은 '기적'과도 같다. 그래서 사람들은 그런 기적을 바라며 열광하는 것이다.

여기에 주식 투자의 본질이 있다.

20대의 백수 남성이 '금융의 프로'를 천문학적인 수준으로 뛰어넘는 실적을 올렸다는 사실은, 주식 투자가 프로의 경기가 아니라 동전 던지기와 비슷한 우연의 게임, 즉 도박임을 반론의 여지없이 완벽하게 증명하는 것이다.

만약 주식 투자가 동전 던지기와 같다면 '금융의 프로'는 좋게 말하면 점쟁이나 경마 예상꾼, 나쁘게 말하면 사기꾼이라는 소리이다. 이것 참, 이만저만 난감한 것이 아니다. 금융업계에서 "제이콤남 따위 그냥 무시해버려."라는 암묵적인 합의가 도출된 것은 지금까지 기를 쓰고 숨겨온 자신들의 떳떳하지 못한 행태가 백일하에 드러날 위기에 처했기 때문이 아닐까?

주식 투자를 동전 던지기와 동격으로 취급하는 논리(나중에 설명하겠지만 경제학에서는 이것을 '효율적 시장가설'이라고 한다)에는 유력한 반론이 있다. 주식 투자는 우연이 승부를 완전히 지배하는 동전 던지기식 게임이 아니라 기술적 요소가 가미된 블랙 잭이나 마작, 파친코 같은 도박일 수도 있다는 주장이 그것이다.

블랙 잭은 과거에 소진된 카드를 전부 기억하는 카드 카운팅 기법으로 특정 카드가 출현할 확률을 예측함으로써 카드 딜러보다 우세한 위치를 점할 수 있다. 마작에도 쓸모없는 패를 버려 상대의 패를 예측하거나 확률적으로 우세한 패로 승부하는 식의 다양한 방법이 있다. 파친코는 컴퓨터로 파친코 구슬을 통제하는데, 이 통제 프로그램을 해석하여 이기는 법을 알 수 있다.

주식 투자의 성과가 기술이나 재능에 영향을 받는다면 주식 투자의 프로가 있다고 해도 전혀 이상하지 않다. 그러나 금융업계에 종사하는 사람들은 이 이론도 마음에 들지 않을 것이다. 이 이론을 받아들이면 자기들은 파친코 프로나 프로 마작사와 동급이 되기 때문이다. 직업에 귀천이 없다지만 안타깝게도 이 이론으로는 그들의 자존심이 전혀 회복되지 않으리라.

주식 투자는 도박이다

대부분의 사람들은 "주식은 왠지 모르게 좀 수상쩍다."고 생각한다. 무의식적으로 주식 투자를 도박의 일종이라고 생각하기 때문이다.

증권업계는 오랫동안 이 '편견'과 싸워왔다.

그들은 "일본 경제는 지금까지 간접금융(은행이 회사에 돈을 빌려주는 것)을 중심으로 운용되었지만 거품경제 붕괴로 인해 수명이 다 되고 말았다. 앞으로는 미국처럼 직접금융(회사가 주식 시장에서 자금을 모으는 것)의 시대가 올 것이다. 이때를 대비해 건전한 주식 시장과 현명한 개인 투자자 육성이 필요하다."라고 말하면서 사람들을 설득해왔다.

주식 시장에서 일하는 사람들이 자신의 직업에 대한 편견을 바로잡고 싶어 하는 마음은 진심일 것이다. 하지만 그들은 절망적일 만큼 잘못된 방법을 쓰고 있다.

그들은 지금까지 줄곧,

라는 삼단논법으로 사람들을 설득하는 데 열중했다. 하지만 이 방법은 모든 사람이 "주식 투자? 그거 도박이나 마찬가지잖아."라고 생각하는 이상 별로 설득력이 없다. 그리고 안타깝게도 아무리 부정해도, 주식 투자는 도박(우연의 게임)이다.

그럼, 어떻게 하면 좋은가? 생각에 코페르니쿠스적인 전환이 필요하다. 주식을 도박이라고 인정하면 된다.

보라. 훨씬 깔끔하지 않은가?

도박이 수상쩍지 않은 이유는 우리의 인생이 수상쩍지 않은 것과 같다. 그 누구도 미래를 알 수는 없다. 이런 불확실한 세상에서 우리는 모두 조금이라도 성공할 가능성이 높은 길을 선택하려고 노력한다. 우리의 삶은 우연이 켜켜이 쌓여서 이루어진다.

　주식 투자가 수상쩍게 보이는 이유는 우연으로 승부가 결정되어서가 아니다. 그 세계에 사기꾼이 끼어들어 일부 사람만이 이익을 독차지하기 때문이다. 그러므로 중요한 것은 모든 참가자에게 공정한 투자 기회가 주어지는 열린 시장을 만드는 일이다. 그렇게 되면 주식 투자에 대한 세상 사람들의 인식도 바뀔 것이다. 이러쿵저러쿵해도 주식 투자는 사회의 부를 축적하고 사람을 행복하게 만드는 엄청난 힘을 가지고 있으니 말이다.

　그런데 금융업계 사람들은 '투자자 교육'이라는 명목으로 "주식 투자는 도박이 아닙니다."라는 캠페인을 대대적으로 벌이고 있다. 그렇게 하면 다음과 같은 논법으로 자신을 정당화하는 사람이 등장한다.

나는 도박에 손을 대지 않는다.
주식 투자는 도박이 아니다.
그러므로 주식 투자에 푹 빠진 나는 전혀 문제가 없다.

　이런 식이다. 안타깝게도 성실한 사람일수록 이 함정에서 벗어나지 못한다. 따라서 '투자자 교육'을 하면 할수록 가엾은 희생양만 늘어날 뿐이다.

　이러한 비극을 조금이라도 줄이기 위해 가장 중요한 원칙을 기억해두자.

주식 투자는 도박이다.

하지만 주식 투자는 단순한 내기가 아니다.

아마추어도 크나큰 열매를 맛볼 수 있는, 세상에서 가장 매력적인
도박이다.

복리와 레버리지 이야기

　　주식 투자가 동전 던지기 같은 우연의 게임이라면 어떻게 5년 만에 100만 엔이 100억 엔이 되는 '기적'이 일어났을까? 뭔가 다른 근본적인 이유가 있지 않을까? 당연히 이런 의문이 솟아나겠지만 그 의문만 붙들고 있어서는 이야기가 진전되지 않는다.

　　제이콤남이 다른 사람보다 월등히 뛰어난 능력(초능력이라든지)을 갖고 있다고 치자. 간단명료한 답변 같지만 실제로는 아무런 도움이 되지 않는 설명이다. 그것이 어떤 능력인지 해명할 수 있다고 해도 우리가 그 힘을 가질 수는 없기 때문이다(보통 인간의 힘이 아니니까).

　　어쩌면 제이콤남은 80~90%의 높은 확률로 주가의 동향을 맞추는 비밀스러운 방법을 터득했을지도 모른다. 이쪽이 더 가능성이 있지만 그게 사실이라 해도 그가 그 비밀을 공개하지 않는 한, 우리가 진실을 알 수 있는 방법은 없다. 만약 누군가가 제이콤남의 비밀을 알아냈다고 해도 그것을 이용해서 자신만 부자가 되려고 할 테니 우리는 영원히 아무것도 알 수 없다.

우리는 주식 투자가 우연의 게임이라는 전제하에서도 과연 5년 만에 원금이 1만 배가 되는 일이 있을 수 있는지 생각해보자.

그러려면 먼저 복리와 레버리지에 대해 설명해야겠다. 간단한 수식이 나오지만 조금만 참으시라.

돈을 은행의 정기예금에 맡기고 이자만 현금으로 인출하는 사람은 거의 없다. 이자는 그대로 두는 편이 훨씬 이득이라는 사실을 잘 알기 때문이다.

10만 엔을 연이율 10%의 정기예금에 넣어두었다고 하자. 그러면 1년 뒤에는 1만 엔의 이자가 지급된다(원금 10만 엔×금리 10%=1만 엔). 이 이자를 1년마다 현금으로 받으면 10년 동안의 이자는 10만 엔이므로 원금과 합친 돈은 20만 엔이 된다(쇼핑으로 써버리지만 않는다면).

그럼 이 이자를 그대로 정기예금에 넣어두면 어떻게 될까? 1년째의 이자는 1만 엔이므로 여기에 원금을 더한 2년째의 운용 자금은 11만 엔(원금 10만 엔 + 이자 1만 엔)이 된다. 그러면 2년째에는 1만 1,000엔의 이자(원금 11만 엔×금리 10%)가 지급된다. 같은 방법으로 3년째의 원금은 12만 1,000엔(원금 11만 엔+이자 1만1,000엔)이 되며 이 해의 이자는 1만 2,100엔(원금 12만 1,000엔×금리 10%) 하는 식으로 늘어나 10년 뒤 당신의 계좌 잔액은 약 26만 엔이 된다.

이자를 매년 인출하면(이것을 '단리'라고 한다) 돈은 20만 엔밖에 모이지 않는다. 하지만 그 이자를 은행에 맡겨두면 10년 뒤의 계좌 잔액은 26만 엔이 된다. 이자를 원금에 편입시키는 것 외에는 아무것도 하지 않았는데 돈이 6만 엔이나 증가한 것이다!

복리에 관한 이야기는 이것으로 마친다. 다음은 레버리지를 보자.

기원전 250년경, 고대 그리스의 수학자 아르키메테스는 이렇게 호언장담했다.

"나에게 충분히 긴 지렛대와 서 있을 수 있는 자리를 달라. 그러면 지구를 움직여보이겠다."

레버리지(지렛대)란 무거운 물체를 가볍게 들어올리는 '지렛대의 원리'를 말한다. '투자에 레버리지를 사용한다'는 것은 지렛대의 원리를 이용하여 수익을 높인다는 뜻이다. 용어가 거창해서 그렇지 방법은 전혀 어렵지 않다. 투자할 원금을 다른 사람으로부터 빌려오면 된다.

자신이 가진 돈 10만 엔에다 친구에게 10만 엔을 빌려서 원금을 20만 엔으로 만들어 이 돈을 은행의 정기예금에 맡겼다고 하자. 원금이 2배가 되면 이자도 2배가 되므로 10년 뒤의 계좌 잔액은 약 52만 엔(26만 엔×2)이 될 것이다. 친구에게 10만 엔을 돌려줘도 수중에 남은 돈은 42만 엔. 자기자금 10만 엔을 복리로 운용했을 경우에는 26만 엔이었지만 약간의 돈을 빌렸을 때는 16만 엔이나 더 증가했다!

레버리지에 관한 이야기도 이것으로 마친다. 간단하지 않은가?

무한한 부를 얻는 **방법**

　　복리와 레버리지를 주식 투자에 응용하면 어떤 일이 발생하는지 지금부터 알아보자.

　　투자 금액과 그에 필요한 원금의 비율을 레버리지비율Leverage ratio 이라고 한다. 자기자금 100만 엔으로 100만 엔어치 주식을 사는 것을 현물주식거래라고 한다. 이 경우 레버리지비율은 1배(주식 100만 엔/ 자기자금 100만 엔)이다. 그런데 신용거래를 이용하면 원금의 3배까지 투자할 수 있다. 즉 자기자금 100만 엔으로 300만 엔어치의 주식을 살 수 있다. 이때 레버리지비율은 3배(주식 300만 엔/자기자금 100만 엔)이다. (여기서는 신용거래가 무엇인지 자세히 알 필요는 없다. 일단, 증권사가 주식을 살 자금을 융통해준다고 생각하자.)

　　다양한 금융상품 중에서 레버리지 효과가 가장 높은 것이 선물거래이다. 예를 들면 닛케이225 선물의 경우, 원금의 약 20배를 투자할 수 있다.• 즉, 자기자금 100만 엔으로 2,000만 엔에 상당하는 투자가 가능하다. (보통 사람들은 선물거래를 많이 하지 않으므로 자세한 설명은 건너뛰겠다. 닛케이 평균주가를 매매하는 거래라고 생각하기 바란다.)

2005년 11월, 닛케이 평균주가는 약 1만 4,000엔이었다. 선물거래에서는 평균주가의 1,000배를 1계약으로 정하므로, 70만 엔의 계약금(이를 증거금이라고 한다)이 있으면 선물 1계약을 1,400만 엔어치를 살 수 있다. 선물거래는 닛케이 평균주가에 연동되기 때문에, 주가가 100엔 움직일 때마다 10만 엔씩 이익이 증감한다(세부적인 계산은 건너뛰겠다).

선물 1계약을 매매할 때 필요한 증거금은 실제로는 매일 변동하지만 여기서는 알기 쉽도록 70만 엔으로 고정시켜놓자.

최초 투자 금액을 100만 엔이라고 하면, 선물 1계약에 70만 엔만 쓰면 되니까 계좌에는 아직 30만 엔이 남아 있다. 이는 주가가 400엔 오르면 이익이 40만 엔이 되며, 수중에 있는 30만 엔과 합치면 선물거래를 1계약 추가 주문할 수 있다는 말이다. 즉, 주가가 1만 4,400엔인 경우, 선물 2계약, 총 2,880만 엔을 투자하게 된다.

이 상태에서 지속적으로 상승 추세를 타고 주가가 350엔 더 오르면 이익은 70만 엔 증가하므로 선물거래를 1계약 또 추가할 수 있다. 이처럼 레버리지를 이용한 복리 운용을 하면 어떤 일이 일어날까?

믿을 수 없을 만큼 어마어마한 결과가 기다리고 있다.

주가 1만 4,984엔에서 선물 4계약, 주가 1만 5,139엔에서 선물 5

● 한국은 6.7배까지 투자할 수 있다.

계약, 주가 1만 5,299엔에서 선물 6계약……. 이런 식으로 운용 자산은 기하급수적으로 증가한다. 닛케이 평균은 2005년 12월 26일에 1만 6,000엔에 도달했으니, 그 시점에서 1,000만 엔 이상의 이익을 냈다는 이야기가 된다. 첫 거래 금액인 100만 엔은 2개월도 채 안 되어 10배가 되었다. 그리고 이대로 주가가 상승한다면 이론적으로는 주가 2만 엔 시점에서 당신은 무한대의 자산을 보유하게 된다.

한국의 선물거래

한국의 선물지수는 코스피200이다.

이 코스피200 지수에 일정한 금액(현재 50만 원)을 곱한 금액을 1개의 거래단위(1계약)로 하며, 선물가격의 최소 15% 이상의 현금(증거금)이 필요하다. 즉, 원금의 6.7배를 투자할 수 있다.

만약 코스피200 지수가 200이라고 가정하면, 선물 1계약의 금액과 필요 원금은 다음과 같다.

- 선물 1계약의 금액 : 200(코스피200 지수)×50만 원 = 1억 원
- 원금(매수증거금) : 1억 원×15% = 1,500만 원

즉, 1,500만 원의 현금이 있으면 1억 원을 거래할 수 있다.

원금이 100배가 되는 게임

물론 현실적으로 앞에서 설명한 것과 같은 일은 일어나지 않는다. 주가는 일직선으로 상승하기만 하는 게 아니며 언제나 원하는 시점에 원하는 가격으로 매매할 수 있는 것도 아니기 때문이다.

닛케이225 선물의 매매 데이터를 이용하여 좀 더 현실적인 시뮬레이션을 해보자.

2005년 11월 1일에 거래를 시작했다고 하자. 이날 선물가격은 1만 3,670엔에서 시작했다. 12월 30일의 종가는 2,380엔(17.4%)이 오른 1만 6,050엔을 기록했다. 원금 100만 엔으로 선물 1계약을 주문하고 그대로 내버려뒀더니 238만 엔의 이익이 난 것이다. 아무것도 하지 않아도 레버리지 효과로 인해 2개월 만에 돈이 3.4배로 뛰어올랐다.

여기에 복리의 힘을 빌려서 이익이 날 때마다 선물 주문을 하기로 하자. 모든 계산 내역을 설명하면 끝이 없으므로 여기서는 간략하게 결론만 이야기하겠다.

이익이 나면 선물을 추가로 주문하고 손해가 나면 그만큼 파는 단순한 거래를 반복하다보면, 12월 12일에는 1,000만 엔 이상의 이익이 실현된다. 그 뒤부터 연말까지 주가 하락이 두 번 발생하지만 그때만 잘 넘기면 2006년 1월 1일에는 투자총액이 5억 엔까지 부풀어 오르며 이익도 2,000만 엔에 달한다(단, 매매 시점에 따라서 결과가 크게 달라질 수 있다).

복리와 레버리지를 잘 조합한 투자는 에프 원^{F1}사양의 경주용 승용차와 같아서 조종만 잘하면 엄청난 수익을 내는 힘을 발휘한다. 사실, 이 마법 같은 투자법에도 문제가 있기는 하다. 예상이 빗나가 주가가 하락했을 때에는 레버리지를 이용한 만큼 손실도 커진다는 것이다.

예를 들면, 앞서 말한 예에서 2006년 1월 1일에는 엄청난 수익을 기록했다. 하지만 계속 그대로 뒀다면 어떻게 되었을까? 2006년 1월 17일, 이른바 '라이브도어 쇼크'로 도쿄 증권 시장이 대혼란에 빠지는 사태가 벌어졌다. 당신은 3,000만 엔의 투자손실을 보고 전 재산을 날렸을 것이다.

이 간단한 계산을 봐도 알 수 있듯이 복리와 레버리지를 최대한 이용하면 단기간에 돈을 10배로 불리는 일은 결코 불가능하지 않다. 이론적으로는 네 번만 연속해서 반복하면 투자금 100만 엔은 5년째에 100억 엔이 되니까 말이다.

"그런 건 탁상공론일 뿐이야."라고 생각할 수도 있다. 물론 대부분의 사람들은 부자가 되기 전에 경쟁에서 탈락하고 만다. 하지만 이 게임에 참가한 사람이 1만 명이라면 어떨까? 그중에 한 명 정도는 4회 연속으로 승부에서 이겨 100억 엔을 거머쥐지는 않을까?

라이브도어 쇼크

2000년대 초반, 일본 굴지의 인터넷 업체로 성장한 라이브도어의 창업자인 호리에 다카후미 전 사장이 2006년 1월 16일, 증권거래법 위반으로 검찰에 체포되어 주가가 폭락한 일을 말한다. 다음날인 1월 17일, 도쿄증시의 닛케이지수는 전날보다 2.84% 포인트 하락하며 20개월 만에 최대 하락폭을 기록했다. 장이 열리자마자 계열사 주가들이 하한가로 폭락했고, 다른 IT 업체 종목까지 팔자 주문에 휩쓸린 것이다. 호리에 다카후미 전 사장은 실형을 선고받았고 라이브도어는 그해 4월, 상장이 폐지되었다. 최종 거래일인 2006년 4월 14일의 라이브도어의 주가는 94엔에 불과했다.

인류 멸망의 해 라는 망상

인간은 때로 난데없이 기묘한 생각에 사로잡히기도 한다. 예언자 노스트라다무스가 '인류 멸망의 해'라고 예언한 1999년 말, 내가 아직 월급쟁이일 때였다. IT산업에 거품이 최고조일 때로 일본과 미국의 주가는 하늘을 찌를 기세로 상승하고 있었다. 그때 나는 어떻게 하면 한 달 만에 100만 엔을 1억 엔으로 만들 수 있을까를 궁리하느라 정신이 없었다.

왜 그렇게 황당무계한 생각(이라기보다는 망상)에 사로잡혔는지 지금도 잘 모르겠지만, 아마도 모멘텀 투자에 관한 통계학적 연구를 접한 것이 계기였던 듯하다. 모멘텀Momentum은 원래 운동량 또는 가속도를 뜻하는 용어인데, 주식 시장에서 모멘텀 투자라고 하면 주가가 오르는 주식은 무조건 사들이고 그 반대의 경우는 이유를 불문하고 팔아치우는 투자전략 중 하나를 일컫는다. 경제학자들은 이 모멘텀 투자가 주가가 상승하거나 하락하는 명확한 추세가 존재할 경우, 평균 운용 실적의 10%를 상회하는 대단한 효과가 있다는 것이 연구로 밝혀졌다고 떠들어댔다. 만약 이 연구결과가 정확하다면, 주가가 상승할 때 레버리지를 크게 가져가면 아마추어도 통계적으로 꽤 확실한 확률로 억만장자가 될 수 있다는 이야기이다. 그야말로 인류의 역사를 바꿔놓은 IT혁명의 이 시대에만 가능한 일이 아닌가?

내 머릿속에 달라붙은 망상을 간단히 설명하자면 이런 식이었다.

마이크로소프트와 인텔, 야후와 아마존 등의 쟁쟁한 IT 기업과 인터넷 기업이 모여 있는 곳이 미국의 나스닥 시장이다. 나스닥^{NASDAQ}지수는 벤처기업과 중소기업들의 주식을 거래하는 나스닥 시장의 종합주가지수를 말한다. 나스닥 시장에 상장된 종목 중 100개의 대표 종목으로 이루어진 지수를 나스닥100 지수라고 하며, 나스닥100 선물은 미국의 시카고 상업거래소^{CME:Chicago Mercantile Exchange}에서 거래된다. S&P500^{Standard&Poor's 500index}(미국을 대표하는 기업 500개의 주가 인덱스)과 더불어 전 세계에서 가장 거래량이 큰 주가지수선물로, 실력을 갈고닦은 프로 트레이더들이 싸우는 전쟁터이기도 하다(지금 내가 하는 이야기를 이해하는 데는 미국 시장에 관한 지식이 꼭 필요하지는 않다).

이 나스닥 주가지수선물은 당시, 배율 100배로 레버리지 비율은 20배 정도였다. 1999년 여름의 주가지수는 2000 전후였으니 1달러가 100엔이라고 했을 때 100만 엔 정도로 20만 달러(약 2,000만 엔)어치의 선물투자가 가능했다.

당시 일본에서는 개인 투자자에게 선물거래 계좌를 터주는 증권사가 거의 없었다. 간혹 있어도 지나치게 큰 증거금을 요구하거나 전화 거래밖에 할 수 없어서 제구실을 하지 못했다. 하지만 시카고 주가지수선물이라면 인터넷 매매도 가능하고 거래 시간도 일본시간으로 오후 11시 30분에서 다음날 오전 6시 15분(여름에는 1시간 앞당김)까지니까 회사 일을 마치고 돌아와 집에서 느긋하게 거래할 수 있다(는 논리였다).

하지만 이것이 해외 거래를 선택한 진짜 이유는 아니었다. 솔직하게 말하자면 나는 사악한 생각에 사로잡혀 있었다.

만약 내 예상이 빗나가 큰 손실을 입었다고 치자. 상대방은 저 멀리 바다 건너에 있는 선물거래 회사이다. 추가증거금(선물의 평가금액이 하락했을 때 다음날까지 입금해야 하는 증거금)을 받으려고 먼 일본까지 쫓아오지는 않을 것이다. 만에 하나 법정에 끌려간다고 해도 집이나 자동차와 같은 고정자산은 하나도 없으니 파산신청을 하면 간단히 넘어갈 수 있다. 그렇다면 '이익을 낼 가능성은 무한대이고 손해를 볼 가능성은 100만 엔이라니 엄청나게 유리한 거래가 아닌가'라는 말도 안 되는 일을 진지하게 생각했던 것이다(지금 생각하면 부끄럽기 짝이 없다).

하루에 **2억 엔**을 벌고
7억 엔을 손해보다

나는 그해 여름 내내 나스닥의 주가 데이터를 통계
분석하며 인터넷으로 거래할 수 있는 미국의 선물회사에 계좌를 개
설한 다음 고속 인터넷 회선을 깔았다. 그리고 나스닥 주가가 일시적
으로 하락한 10월 중순에 처음으로 거래를 시도했다.

그러나 시작할 때의 자신만만하던 기세와는 달리 겨우 한 달 만에
모든 것을 내던지고 말았다. 투자손실을 입어서가 아니라 육체적, 정
신적으로 한계에 도달했기 때문이었다.

원래는 주식 개장 시간에 가격을 확인한 뒤 일단 잠자리에 들었다
가 마감(폐장 시간) 전에 일어나 다시 한 번 가격을 확인할 계획이었
다. 그때 이익이 나면 추가로 선물을 주문하고 손해가 나면 팔 계획이
었다. 스톱로스^{Stop loss}● 기능을 설정해 추가 손실을 막고 있으니 그 동

● '손절매'의 영어식 표현. 가지고 있는 주식의 현재 시세가 매입한 가격보다 일정 수준 이상 떨어지면 자동적으
로 보유한 주식을 내다 파는 것을 말한다.

안은 곯아떨어져도 아무 문제도 없을 것이라고 생각했다.

그런데 주가가 상승하고(나스닥은 한 달 만에 30% 가까이 상승했다) 투자총액이 커지자 어느 순간부터 "주식 시장이 갑자기 폭락해 스톱로스가 중단되고 잠든 사이에 파산하기라도 하면 어떻게 하나?"라는 강박관념이 집요하게 따라붙었다. 가장 큰 공포는 2000년 문제●였다.

"1월 1일이 되는 순간, 전 세계에서 컴퓨터 장애가 일어나 사회 기능이 마비되고 주식 시장은 붕괴할 것이다."라는 '예언'이 꿈속에서까지 나를 괴롭혔다. 이런 상태에서는 도저히 편안하게 잠을 잘 수가 없었다.

나는 밤새도록 컴퓨터 모니터 앞에 앉아 실시간 주가 보드와 차트를 뚫어져라 보다가 새벽이 되어서야 한 시간 정도 엎드려 자고 일어나 회사에 출근했다. 그런 상태가 2주 정도 계속되었다.

어느 날 아침, 나는 콩나물시루 같은 출근길 지하철에서 내려 의식이 몽롱한 채로 계단을 올라 개찰구를 빠져나왔다. 그 순간, 분명히 푸른색이어야 하는 하늘이 갑자기 잿빛으로 보였다. 그때 "이러다가 죽겠구나." 하는 생각이 들면서 내가 하고 있는 짓이 허무해졌다. 그날 밤 나는 주식 시장에서의 모든 포지션을 청산했다. 요컨대 나에게는 강인한 정신력이 없었던 것이다.

이제와서 생각해보면 내가 주식 거래를 계속할 수 없었던 이유는 분명했다. 그때 나는 100만 엔을 1억 엔으로 만들겠다는 무모한 계획(망상)과 본업인 회사 일을 양립시키느라 악전고투하고 있었다. 하지만 그것은 물리적으로나 정신적으로나 결코 양립할 수 없는 시도였다.

그런데 그날, 회사에 사표를 내고 억만장자라는 꿈에 '올인'했다면 과연 어떻게 되었을까?

12월이 되자 주식 시장은 더 달아올라 주가가 1개월 만에 30% 이상 폭등하는 유래 없는 호황을 누렸다. 만약 내가 예정대로 모멘텀 투자 기법을 구사해 거래를 계속했다면 12월 31일에는 나스닥 선물 200계약, 즉 약 80억 엔을 운용하여 4억 엔 정도의 이익을 거머쥐었을 것이다. 초기 투자 금액이 100만 엔이었으니 2개월 만에 400배가 된 셈이다.

단, 내가 이 내기에서 승리하기 위해서는 두 가지 조건이 전제되어야 했다.

하나는 그때까지 내가 멀쩡한 정신을 유지하며 처음에 정해둔 규칙에 따라 거래를 계속했을 것, 또 하나는 연말에 모든 포지션을 청산하고 카지노(선물 시장)에서 나와 두 번 다시 돌아가지 않아야 한다는 것이다.

이듬해 1월 3일, 나스닥은 100포인트 가까이 상승했다. 계산기를 두드려보면 그날 하루에만도 나는 2억 엔이라는 이익을 챙기게 된

● 1999년 12월 31일에서 2000년 1월 1일로 넘어갈 때 컴퓨터로 조작되는 각종 시스템에서 1900년 1월 1일과 2000년 1월 1일을 같은 날로 인식하여 오류가 발생할지도 모른다는 우려가 전 세계적으로 팽배했었다.

다. 그 이익으로 선물을 추가 주문하면 운용 총액은 100억 엔을 돌파했을 것이다. 하지만 다음날 4일, 주가는 단숨에 250포인트나 폭락했다. 동이 틀 무렵, 나는 7억 엔을 잃고 파산했을 것이다.

이 계획은 몽상에 지나지 않는다. 나는 틀림없이 위의 두 가지 조건 중 하나도 지키지 못했을 테니까.

시장에는 마법사가 살고 있다

제이콤사의 실수로 단 16분 만에 20억 엔의 이익을 얻은 남성이 나타났을 때, 그의 나이와 직업이 세간의 주목을 끌었다. 하지만 사실 이것은 놀랄 만한 일이 아니다. 오히려 '27세의 백수'가 아니면 이 이야기는 앞뒤가 맞지 않는다.

잃을 것이 없기에 높은 리스크를 감수할 수 있다. 이렇게 말하면 듣기 거북하겠지만 성공하는 트레이더는 어느 시대에나 파친코 가게 앞에서 문이 열리기를 줄지어 기다리는 젊은이들 중에서 나타나는 법이다. 조금만 수익을 내도 수천만 엔이나 되는 보너스를 받는 '금융의 프로'가 실패하면 그날로 목이 날아가는 리스크를 무릅쓸 이유가 없는 것이다.

거대한 금융 시장에서는 개인도 높은 리스크를 짊어지고 엄청난 이익을 추구할 수 있다. 이론상에서는 리스크와 리턴은 균형을 이루고 있으나 현실에서는 시장 참가자들 가운데에 막대한 판돈을 쌓아가면서도 아주 한정된 리스크만을 취하는 사람들이 존재한다.

가정이나 일, 재산, 명성 등 잃을 것이 많은 경쟁 상대에 비해 그들은 압도적으로 유리한 입장이다. '성공한' 트레이더들이 어떤 사람들인지 관찰해보면 그 사실을 분명하게 확인할 수 있을 것이다. 만약 당신에게 잃을 것이 있다면 당신이 이길 가능성은 거의 없다.

내가 일찍이 시도했던 하이리스크 투자를 지금은 누구나 쉽게 할 수 있다. 앞서 말한 닛케이225 선물거래를 계산한 내용을 봐도 알겠지만, 상승추세를 잘 타기만 하면 주식의 '초짜'가 100만 엔을 1억 엔으로 불리는 일이 전혀 불가능한 것만은 아니기 때문이다.

복리와 레버리지에 대한 지식은 투자의 세계를 이해하는 데 있어서 필수 요소이다. 그러나 나는 리스크가 높은 투자를 권장하지 않는다(굳이 하겠다면 말리지는 않겠다). 왜냐하면 논리적으로 따져볼 때 이 거래를 계속하면 마지막에는 반드시 파산하기 때문이다. 가장 큰 문제는 성공할수록 투자총액이 불어난 반면, 주가가 예상과 반대로 움직였을 때는 그만큼 손해가 커진다는 것이다. 그것은 하늘이 무너지는 듯한 충격과 함께 한 사람의 인생을 형체도 없이 부서놓는다.

시장에는 마법사가 살고 있다. 그 마법사는 변덕쟁이이다. 백수 젊은이를 시대의 영웅으로 만들기도 하지만 억만장자를 하룻밤 사이에 시궁창에 처박아버리기도 한다. 하지만 아무도 자신에게 어떤 마법이 걸려 있는지는 모른다.

2장

일본을 뒤흔든
주가조작 사건으로 배우는
주식 시장

속도위반은 범죄인가

2006년 1월, 라이브도어가 도쿄지검의 수사를 받게 되자 서킷브레이커^{Circuit Breaker}●가 발동되는 등 증권 시장이 대혼란에 빠졌다. 그후 검찰조사로 라이브도어의 분식결산과 주가조작 혐의가 사실로 명백히 밝혀졌지만, 사람들 중에는 "호리에몬●●이 뭘 잘못했다는 거지?"라고 의아하게 여긴 경우도 많았다.

범죄에는 피해자가 존재한다. 살인사건에서 피해자는 살해당한 사람이나 그 유족이다. 그러면 라이브도어 사건의 피해자는 누구인가? 이 물음에 바로 대답할 수 있는 사람이 몇 명이나 될까?

'피해자가 없는 범죄'라고 하면 가장 먼저 떠오르는 것이 속도위반이다. 홋카이도의 넓디넓은 평원에서 시속 150킬로미터로 달려도 피해를 보는 이는 아무도 없다. 그 장면이 단속 카메라에 찍혀 벌

● 주가가 갑자기 급등락 하는 경우 시장에 미치는 충격을 완화하기 위해 주식매매를 일시 정지하는 제도.
●● 일본 사람들이 라이브도어의 대표였던 호리에 다카후미의 이름을 인기 만화인 포켓몬과 조합해서 애칭처럼 부른 말.

금 통지서가 날아오면 "운이 없었네."라고 동정은 받을지언정 범죄자 취급을 당하지는 않는다. 법률 위반이 전부 범죄가 되는 것은 아니다. 반대로 법률로 모든 범죄를 단속할 수 있는 것도 아니다. 인간 사회는 매우 복잡해서 모든 사태를 법률 조항으로 성문화하기는 불가능하다.

나는 호리에몬에게 아무 관심도 없었고 라이브도어의 주식을 사려고 한 적도 없지만 그가 체포된 후의 신문이나 텔레비전 보도를 보면서 그에게 약간 공감하는 부분이 있었다. 언론 매체의 귀를 막고 싶을 정도로 심한 비난(특히 텔레비전 와이드쇼)에 식상한 탓도 있을 것이다.

호리에몬은 자신이 하고 있는 일이 법률 위반(적어도 회색지대)이라는 인식은 했을지도 모른다. 다만 그것이 범죄라고 생각하지는 않았을 것 같다. 마치 속도위반처럼.

"모두 그렇게 하고 있고 피해를 보는 사람도 없잖아. 그리고 난 좀 다급했단 말이야."

호리에몬이 속도위반을 한 곳은 홋카이도의 드넓은 평야가 아니라 증권 시장이었다. 그가 낸 교통사고에 휘말려 같이 사고가 난 사람도 부지기수였으니 그의 논리가 이기적인 주장임에는 틀림없다. 그렇다면 그의 잘못은 얼마나 큰 것일까?

간단히 말해 호리에몬은 주식 시장에서 연금술을 부리는 방법을 발견했던 것이다. 단숨에 시가총액 1조 엔에 달하는 기업을 이룩했으니 그 정체가 설령 신기루였다 해도 대단한 일이다.

그가 착각한 것은 그렇게 벌어들인 돈으로 멍청한 회사를 매수하면 모두가 기뻐하리라고 생각한 점이다.

"이 세상에서 굼벵이 같은 녀석이 없어지면 모두 좋아하겠지? 그게 바로 '이노베이션(혁신)'이잖아."

하지만 국가는 그의 생각보다 더 심술궂었다(아마도).

자본주의에서 돈을 번다는 것

저명한 경제학자인 이와이 가쓰히토岩井克人는 자본주의의 원리는 차이에서 이윤을 창출하는 것이라고 말한다. 화폐의 탄생과 함께 시작된 상업자본주의에서는 공간적인 차이(장소에 따른 가격 차이)가 이윤의 원천이 되었다. 아오모리현에서 사과가 1개에 100엔이고 도쿄에서는 1개에 300엔으로 팔리고 있다고 가정해보자. 이 경우, 1개당 150엔에 아오모리의 사과를 매입하여 도쿄의 슈퍼마켓에서 1개당 250엔으로 판매하면 경쟁자를 제치고 이익을 독점할 수 있다. 이 시스템을 깨달은 기업가가 나타나면 아오모리의 사과 가격은 인상되고 도쿄의 사과 가격은 인하되어 운송비와 보관료에 인건비를 더한 전체 금액의 가격차는 좁혀지게 된다.

산업혁명으로 인해 태어난 초기 산업자본주의에서는 도시와 농촌의 임금격차가 이윤의 원천이었다. 노동자의 시급이 일본은 평균 1,000엔이고 중국은 100엔이라고 치면, 기업은 중국에서 공장 직원

을 모집하거나 공장 자체를 중국으로 이전함으로써 큰 이익을 얻을
수 있다.

후기 산업자본주의에서는 임금격차에 시간적 차이(미래와 현재의
차이)가 추가되었다. 19세기 중반까지 사람들은 이동수단으로 마차
와 인력거밖에 이용하지 못했다. 이노베이션이란 미래의 현실(증기
기관차나 자동차, 비행기의 발명)을 예측하여 현재의 마찻길을 고속도
로로 바꾸는 것이다. 20세기 후반에는 정보통신기술에서 바이오테
크놀로지까지, 과학의 발전과 기술혁신으로 막대한 부가 창출되기
에 이르렀다.

자본주의는 이처럼 시장에 존재하는 갖가지 차이(가격의 괴리)에
서 이윤을 창출하는 원리로 성립된다. 기업가는 시장의 괴리를 제일
먼저 감지하고 이기적인 동기에서 돈벌이 수단을 도모하여 결과적으
로 시장을 효율적으로 조직하고 사회의 부를 증대시키는 사람을 일
컫는다. 자기중심적인 욕망이 다른 사람의 행복으로 이어지는 이 야
릇한 시스템을 애덤 스미스는 '보이지 않는 손'이라고 불렀다.

평범한 홈페이지 제작사를 경영하던 한 젊은이가 운 좋게도 20세
기 말 IT거품의 시류에 올라타서 주식 상장에 성공했고, 증권 시장에
거대한 괴리가 숨어 있다는 사실을 깨달았다. 이 괴리를 이용하면 아
등바등하지 않아도 막대한 부를 거머쥘 수 있다. 그 사실을 깨달았을
때, 젊은이는 이렇게 중얼거리지 않았을까?

"돈 한번 벌기 쉽네."

증권 시장의 결함

호리에몬의 혐의는 주가를 유지하기 위한 분식 결산과 주식을 고가에 팔아치우기 위한 시세 조작(위장거래와 루머 유포)이었다. 여기서는 그의 직접적인 체포 이유인 주식 분할에 의한 주가조작을 예로 들어 설명하겠다.

먼저 문제를 하나 풀어보자.

콩이 상자에 100개가 들어 있다. 이 상자는 한 상자당 100엔으로 팔린다고 가정하자. 이 상자에 든 콩을 꺼내서 1개씩 따로 판다면 콩 1개의 가격은 얼마일까?

상자 단위로 팔든 단품으로 팔든 콩의 가치에는 아무런 차이가 없다. 당연히 100개에 100엔인 콩은 1개에 1엔이 된다. 누구나 그렇게 대답할 것이다. 그런데 증권 시장에서는 주식을 개별로 판매할 경우 1개에 1엔인 상품이 10엔이나 20엔으로 변한다(실제 시장에서는 단품으로 팔수록 노동력이 들기 때문에 그만큼 가격이 상승한다. 하지만 디지

털화된 주식 시장에서는 1주를 파나 100주를 파나 마찬가지이니 단품 판매가 가격 상승에 미치는 영향은 극히 미미하다).

왜 이렇게 기이한 일이 일어날까? 그것은 법률이 콩 100개를 단품으로 판매할 때에는 99개를 일단 창고에 넣어두도록 규정하고 있기 때문이다. 그렇게 되면 시장에는 콩 1개밖에 남지 않는다. 일주일만 기다리면 나머지 콩이 풀려나온다는 사실을 알면서도 지금 당장 콩을 먹고 싶은 사람도 있을 것이다. 그 결과 수요와 공급의 법칙에 따라서 단품 판매를 하면 콩의 가격이 올라간다.

이야기는 여기서 끝이 아니다. 이 콩에는 다른 사람에게 마음대로 전매할 수 있는 특전이 붙어 있다. 그렇게 하면 1개에 1엔인 콩을 2엔으로 샀던 사람은 그 콩을 3엔에 다른 사람에게 팔려고 하고, 3엔에 산 사람은 5엔에 또 다른 사람에게 팔려고 하며, 5엔에 산 사람은 10엔에라도 사겠다는 사람을 찾을 것이다. 이런 식으로 가격은 점점 상승한다. 그리고 마지막에는 콩 1개에 20엔이라는 터무니없는 가격이 붙게 된다. 만약 모든 콩이 이 가격으로 팔린다면 개별 판매를 하는 행위만으로 한 상자에 100엔인 콩 가격이 20배로 뛰어오르게 된다.

물론 시장경제가 제 기능을 하고 있다면 이런 일은 일어나지 않는다. 콩의 가격이 2배가 되면, 이전까지는 뒷마당에서 자급자족용으로 콩을 심었던 영세농가가 콩을 팔기 시작할 것이다. 콩을 판매하려면 여러 모로 손이 가겠지만 그 비용을 충분히 충당할 수 있기 때문이다. 이렇게 해서 콩 공급이 증가하면 가격은 천천히 원래대로 돌아간다. 이것이 시장원리이다.

라이브도어 사건은 '시장원리의 실패'를 보여주는 대표적인 사례라고 일컬어지는데 이것은 말도 안 되는 착각이다. 호리에몬의 돈벌이는 증권 시장에 커다란 결함이 있고 시장원리가 제 기능을 하지 못했기 때문에 가능한 일이었다.

호리에몬의 모험은 이렇게 시작되었다

100개에 100엔 하는 콩을 개당으로 판매하면 1개당 가격은 1엔이다. 마찬가지로 1주에 100만 엔인 주식을 100분할하면 1주당 가격은 1만 엔이 되어야 한다. 그러나 초등학생도 다 아는 이 공식이 증권 시장에서는 통하지 않는다.

이보다 더 기묘한 일이 있다. 이미 주식을 보유하고 있는 사람도 새로 발행된 주식이 유통될 때까지는 아무리 주가가 상승해도 매도할 수 없게 되어 있다. 이게 무슨 일이란 말인가?

당신이 콩 100개가 든 상자를 하나(1주) 가지고 있는데 회사가 콩을 개별 판매하기로 결정했다고 가정하자. 그러면 당신의 수중에 있는 콩 99개가 일정 기간 동안 강제 압수되고 수중에는 콩 1개(1주)밖에 남지 않게 된다. 즉, 콩 1개의 가격이 20엔까지 올라도 주인인 당신은 그저 눈만 껌뻑거리며 구경할 수밖에 없다. 세상에 이렇게 얼토당토않은 이야기가 또 있을까?

하지만 그래도 시장원리를 잘 이용했다면 이 엉터리 같은 일을 바로잡을 수 있는 기회가 있었다. 물론 증권 시장은 호리에몬표의 콩 대신 다른 상표의 콩으로 대용할 수는 없다. 그 대신 공매도•라는 시스템을 이용해 주식을 적정가격으로 유지한다.

시장에서는 지금 콩이 1개당 20엔에 팔리고 있다. 하지만 일주일 뒤에는 창고에 쌓여 있는 99개의 콩이 출하될 예정이다. 그렇게 되면 시장에는 콩이 넘쳐나고 가격은 원래대로 1개에 1엔까지 떨어질 것이다.

당신이 야심만만한 투기꾼(도박사)이라면 이렇게 큰 괴리를 이용해 돈을 벌 방법이 없는지 머리를 짜낼 것이다.

사실 묘수가 하나 있다.

시장에는 20엔을 내고라도 콩을 사겠다는 사람이 많이 있다. 그런데 지금 당신 수중에는 그 콩이 없다. 결론은 수중에 없는 콩을 미리 1개당 20엔에 팔아넘기는 것이다.

이런 마술이 어떻게 가능한가 하면 이미 콩을 갖고 있는 사람으로부터 "일주일 뒤에 반드시 돌려드리겠습니다."라는 증거 문서를 담보로 삼아 콩을 빌려오기 때문이다. 콩은 일주일 뒤에는 1개당 1엔으로 하락할 테니까 그때 콩을 시장에서 사와 돌려주면 된다. 이로써 앞뒤 순서가 바뀌긴 했지만 1개당 1엔에 산 콩을 20엔에 팔아서 1개당 19엔을 거저먹을 수 있다. 이것이 신용거래라는 공매도 시스템이다.

그런데 이 공매도를 자유롭게 할 수 있는 시장에서는 개별 판매된 콩의 가격이 20엔까지 오르지 않는다. 2엔이나 3엔 정도로 오른 시점에서 재빨리 공매도를 하는 성질 급한 투기꾼이 있기 때문이다. 물론 2엔에 공매도를 해도 일주일 뒤에는 1엔에 되살 수 있으니 아무 고생 없이 돈을 2배로 버는 셈이다. 그 사실이 퍼지면 더 많은 투기꾼들이 공매도를 시작하고, 결국 마지막에는 개별 판매를 해도 콩 가격은 변하지 않는다. 이리하여 1상자에 100엔인 콩은 1개당 1엔에 판매되고 시장의 괴리는 소멸된다.

그런데 호리에몬표 콩에는 이런 시스템이 제대로 작동하지 않았다. 라이브도어 주식은 신용거래로 매수는 할 수 있어도 공매도는 할 수 없다는 규제가 있었던 것이다.

신용 매수를 할 수 있다는 것은 콩을 담보로 돈을 빌려서 콩을 추가로 매수할 수 있다는 말이다. 그런데 공매도가 금지되어 있으니 투기꾼은 콩 가격이 지나치게 높다는 사실을 알면서도 콩을 팔기 위해서는 먼저 콩을 사야만 한다.

이런 식으로 연금술을 실현하는 두 가지 조건이 구비되었다. 100개의 콩을 개별 판매하면 시장에는 콩이 1개만 남게 된다. 그리고 가격이 상승한 콩을 공매도하지 못하게 되어 있다. 그렇다면 콩의 가격은 계속 올라갈 수밖에 없다.

이 수법을 깨달은 순간, '호리에몬의 모험'은 시작되었다.

하늘에서 돈이 떨어진다면

어느 회사의 경리직원이 자기 회사의 당기 결산 실적이 예상보다 훨씬 나쁘다는 것을 알게 되었다. 결산 발표는 일주일 뒤이며 그 사실이 시장에 알려지면 주가는 크게 하락할 것이다. 그래서 그는 미리 주식을 슬쩍 공매도하기로 했다. 이후 결산 실적이 발표되자 주가는 예상대로 큰 폭으로 하락했고, 이익을 본 그는 국산차에서 고급 수입차로 차를 바꿨다.

주식 시장에서는 이런 행위를 '내부거래'라고 하여 엄격히 금지하고 있다. 일반 투자자가 알지 못하는 내부 정보를 이용해 투자하면 누구나 확실하게 이익을 볼 수 있다. 하지만 카지노에 사기꾼이 버젓이 돌아다닌다면 누가 게임을 하려들겠는가? 그러니 이 규제는 당연하다.

내부거래는 증권거래감시위원회^{SESC}의 엄격한 감시로 적발된다. 그러나 하나의 기관이 1일 주식매매 대금이 4조 엔, 거래량이 40억 주나 되는 시장을 빠짐없이 모니터링하는 것은 바닷물을 대야로 퍼내는 것만큼이나 불가능한 일이다.

시장에서는 기업이 막대한 손실을 발표할 경우, 2~3일 전부터 주가가 하락하는 일이 비일비재하다. 당연히 내부거래가 아닌지 의심받지만 표면에 드러나는 경우는 극히 일부에 불과하다.

내부거래는 중대한 범죄이므로 이때 자신의 증권계좌를 이용하는 바보는 없다. 아내나 동생, 친구 아버지 등 다른 사람의 명의로 눈에 띄지 않는 규모로 거래하면 인과관계를 증명할 길이 거의 없다. 좀 더 규모가 큰 경우에는 해외 투자회사나 증권사를 이용하기도 한다. 이렇게 되면 대체 누가 거래를 하고 있는지 전혀 파악할 수 없다. 가끔 공개적으로 드러나는 것은 거의 동료 간의 갈등이나 질투에 의한 내부고발이 원인이다.

호리에몬의 연금술은 이 내부거래를 대규모로, 그리고 교묘하게 이용한 것이다. 요컨대 기업합병을 이용하여 투자사업조합에 자사주를 맡기고 주식 분할을 발표하여 주가가 상승하자 높은 가격으로 팔아치운 다음, 그 이익을 자기 회사에 집어넣은 것이다(이 부당 이익금이 탈세나 횡령 용도로 쓰이지는 않았는지 의심받았지만 도쿄지검이 조사한 바에 따르면 그런 범죄는 발견되지 않았다).

그런데 왜 이렇게 귀찮은 짓을 했을까?

호리에몬이 넘어야 하는 장애물이 하나 더 있었다. 일본의 법률은 회사의 자사주 취득을 엄격히 제한하고 있기 때문이었다. 아무리 주가가 올라도 자사주를 보유하지 못하면 이익을 취할 수 없다.

하지만 라이브도어의 지배하에 있는 투자사업조합에 적당한 회사를 매수해두고 라이브도어가 발행한 자사주와 매수 상대의 주식을 교환(주식 교환)하면 얼마든지 합법적(아니, 탈법적)으로 신주 발행을 할 수 있다. 이는 지폐를 찍어내는 것과 같은 일이다.

사장이 각성제 복용 혐의로 체포된 회사, 창업자가 회사 돈을 챙겨 도주했다가 업무상 횡령으로 체포된 회사 등 라이브도어는 누가 봐도 이상해보이는 회사를 사들였다. 분석하기 좋아하는 사람들은 이를 두고 호리에몬의 '전략'이라고 하지만, 사실은 값만 싸다면 어느 회사든 상관이 없었던 것이다. 호리에몬에게 그 회사들은 주식 시장에서 이득을 얻기 위한 도구에 지나지 않았다.

내부거래는 보통 주가가 크게 요동치는 사건(대형 합병이나 거액의 손실 등)이 없으면 이루어지지 않는다. 그러나 호리에몬은 그 사건마저 자유자재로 만들어냈다. 주식 분할은 경영진의 결의만 얻으면 언제든지 실시할 수 있다. 또 주식 분할 그 자체는 이론적으로는 주가에 아무런 영향도 미치지 않는다. 시장 결함으로 인해 어쩌다 주가가 급등한다손 치더라도 그것은 그가 인위적으로 행한 일은 아니다. 그렇다면 경영자라면 이 요행을 이용해 이익을 내는 것이 당연하지 않은가?

호리에몬의 심경을 미루어 짐작하자면, 그는 자신이 하는 일을 하고 있는데 마침 하늘에서 돈이 떨어져서 누구보다 빨리 그 돈을 주운

것쯤으로 생각한 게 아닐까?

호리에몬은 이렇게 묻는다.

"당신이라면 눈앞에 있는 돈을 줍지 않는 경영자에게 투자하겠는가?"

주주들의 대답은 들어볼 필요도 없다. "이 세상에 돈으로 사지 못하는 것은 없다."고 믿는 이 젊은이에게 그들은 윤리나 정의 따위가 아닌 오로지 이익만을 추구했다.

그렇다면 이 사건에 분노하는 피해자란 대체 누구인가?

주식시장에서 피해자와 가해자는 누구인가

1개에 1엔인 호리에몬표 콩은 개별 판매하자 1개에 20엔까지 가격이 상승했다. 그리고 호리에몬만이 그 콩을 마음대로 팔 수 있었다(주권을 찍어내면 그만이니까). 분명 교활한 짓이다. 하지만 일반 투자자들도 이 도박에 참가하여 돈을 벌 기회는 얼마든지 있었다.

텔레비전과 신문은 "땅 짚고 헤엄치기"라는 식으로 떠들었지만, 사실 주식을 상한가로 매도하기란 상당히 어려운 일이다. 한 번에 너무 많이 팔면 주가가 급락하고, 상한가를 기다리다가는 매도 시기를 놓칠 수도 있다. 결국 평균적으로 콩 1개에 5엔으로 팔게 될 가능성도 충분히 있다. 한편으로 5엔에 산 콩을 최고가인 20엔에 팔아치워서 '대박'난 투자자도 셀 수 없이 많을 것이다.

그러면 피해자는 콩 1개를 20엔으로 산 투자자일까? 하지만 그가 왜 최고가에 샀는가 하면 자신보다 더 비싼 가격에 사는 사람이 있을 거라고 생각했기 때문이다. 다시 말해 도박인 줄 알고 참가했고 예상이 빗나간 것뿐이다. 보통 이런 사람을 '피해자'라고 부르지는 않는다.

"그도 라이브도어의 주주가 아니냐."는 반론이 있을 수도 있다. 그러나 도박에 진 투자자가 주주 자리에 계속 머무를 리 없다. 자기보다 더 비싼 값에 사겠다는 사람이 없다는 것을 깨닫는 순간, 그가 할 수 있는 일은 한시라도 빨리 주식을 파는 것뿐이다. 이리하여 마지막에는 콩 1개가 1엔으로 떨어질 때까지 기다리던 합리적인 투자자가 주주가 된다.

그러면 이 주주가 '피해자'이냐 하면 그렇지도 않다.

언론 보도에 따르면, 라이브도어는 투자사업조합의 이익을 자사에 흘려보내 분식 결산을 실행했다. 물론 이것은 위법행위이지만 산업재생기구JRCJ에 매각된 가네보• 처럼 존재하지도 않는 이익을 계상하거나 야마이치증권이나 장기신용은행처럼 거액의 불량채권을 은폐하다가 경영파탄에 이른 경우와 비교하면 속사정이 상당히 다르다. 라이브도어는 연금술로 창출한 돈을 회사의 이익으로 대체시켰을 뿐이다. 즉, 회사의 이익이 늘어난 만큼 기업가치도 올라갔을 것이다. 주주들도 이득을 본 것이다.

그렇다면 피해자는 국민일까? 유감스럽게도 이것도 틀렸다. 라이

• 화장품 업체. 대형 회계법인과 공모해 5년 동안 2,150억 엔에 달하는 분식회계를 한 사실이 적발되어 2005년 6월에 상장이 폐지됐다.

브도어는 원래는 적자인 결산 실적을 회계 조작을 통해 흑자로 위장했다고 한다. 흑자라면 당연히 법인세를 납부해야 한다. 호리에몬은 해외에 둔 자사주 매각 이익을 일부러 일본으로 송금하게 해서 세금을 납부했다.

라이브도어의 비즈니스모델은 간단히 말하면 주식 시장이라는 무대에 도박판을 벌여 물주와 선수를 등장시킨 뒤에 달콤한 꿀을 찾아오는 투자자(투기꾼)를 등치는 것이었다. 이 도박에서 얻은 이익은 본업의 이익으로 둔갑해서 또 회사의 주가가 오른다. 그러면 다음에는 좀 더 규모가 큰 도박판을 벌일 수 있다.

그러나 이 행위를 딱 잘라 악이라고 말할 수만은 없다. 그들은 주식 시장의 제도적인 괴리를 이용했을 뿐이며 시장의 괴리에서 이익을 얻는 행위 자체는 자본주의의 원리에 부합하기 때문이다. 그러므로 호리에몬을 부인하는 것은 자본주의를 부인하는 것이 된다.

바로 이것이 라이브도어 사건의 이상야릇한 점이다. '일본을 뒤흔든 경제 범죄'로 이익을 본 사람은(물론 호리에몬 본인을 포함하여) 많이 있지만 정작 '피해자'가 어디에 있는지는 아무도 모르는 것이다.

철저한
버추얼 컴퍼니

라이브도어에 투자한 사람들은 모두 호리에몬을 일본 경제의 구세주라고 믿었을까? 설마 그럴 리가! 그가 했던 짓들은 누가 봐도 수상쩍었고 조금만 확인하면 그의 사업에 실체가 없음을 금방 알 수 있었다.

그러면 왜 호리에몬의 연금술은 성공했는가? 여기에 주식 시장의 또 다른 비밀이 숨겨져 있다. 주식 투자에서 자신의 생각 따위는 아무 영향력이 없다는 점이다.

호리에몬의 열렬한 팬인 초등학생이 텔레비전에 나와 "저도 용돈으로 주식을 샀어요!"라고 외치면 라이브도어의 주가가 상승한다. 물론 이 초등학생이 500엔으로 주식을 1주 샀다고 하더라도 실제 주가에는 아무 영향도 미치지 못한다(라이브도어의 주식 발행 총수는 10억 주나 되었다).

하지만 그 뉴스를 보고 "저런 어린애도 호리에몬에게 투자하는구

나. 그렇다면 저런 사람들이 얼마든지 있겠군."이라고 생각하는 사람이 속출한다. 그가 경제합리적인 투자자였다면 "남보다 먼저 라이브도어의 주식을 사두면 이익이 날지도 몰라."라고 생각했을 것이다. 그가 뛰어난 통찰력을 지닌 투자자였다면 라이브도어의 비즈니스가 사기임을 간파했을 수도 있다. 그는 초등학생 투자자에 관한 뉴스를 보고는 한숨을 쉬며 이렇게 말할 것이다.

"저런 사기꾼한테 속다니 불쌍하기도 하지. 이 뉴스 때문에 라이브도어 주식을 사는 바보들이 더 늘어나겠군."

하지만 그렇다고 해서 이야기의 결말이 달라지지는 않는다. 당신이 경제합리적인 투자자인 한(뛰어난 통찰력을 지닌 투자자라면 틀림없이) "바보 같은 놈들이 너도나도 사기 전에 내가 먼저 라이브도어 주식에 투자하면 큰돈을 벌겠는데."라고 생각할 것이다.

주식 투자의 이러한 특징을 최초로 꿰뚫어본 사람은 경제학자인 케인즈였다. 그는 주식 투자를 미인 콘테스트에 비유했다. 다만 자기 눈에 가장 예쁘게 보이는 여성이 아닌, 모든 이가 가장 예쁘다고 생각하는 여성에게 투표하는 콘테스트이다.

어떻게 하면 이 게임에서 승리할지 한번 생각해보라. 얼마 안 되어 자신의 취향은 승부와 아무 관계가 없다는 사실을 깨닫게 된다. 모든 사람이 누구를 미인이라고 생각하는가가 중요하다.

예를 들어 당신이 "미인은 뭐니 뭐니 해도 검은 머리여야지."라고 굳게 믿고 있다고 하자. 하지만 세간에서는 "금발이 제일 아름답다."

는 것이 상식으로 통용된다고 하자. 그러면 당신이 아무리 금발을 싫어해도 (젊었을 때 금발인 여자에게 차인 적이 있다든가) 검은 머리의 미녀가 아닌 금발의 못난이에게 투표하는 것이 올바른 선택이다.

그러면 당신 말고 다른 모든 사람도 “검은 머리의 여자가 아름답다.”고 생각한다면 어떤 결과가 나올까? 이 경우에도 미인 콘테스트에서 승리하는 것은 금발의 여성이다. 왜냐하면 모두가 “다른 투표자는 금발의 여성을 찍겠지.”라고 생각하기 때문이다.

주식 투자의 본질을 냉철하게 분석한 케인즈는 투자자로도 잘 알려져 있다. 그는 모교인 캠브리지대학의 자산 운용 책임자로서 큰 이익을 거두었다. 호리에몬도 이러한 주식 시장의 메커니즘을 숙지하고 있었을 것이다.

주가를 올리는 데에는 프로 투자자의 “그는 우수한 투자자다.”라든가 “그 회사는 훌륭한 회사다.”라는 식의 인정은 필요 없다. 하멜의 피리 부는 사나이에게 홀린 아이들처럼, 화려한 묘기에 현혹된 사람이 몇 명이라도 나와주면 그걸로 충분하다. 결국에는 자신을 무시하거나 조롱하던 무리도 앞다퉈 라이브도어의 주식을 사게 된다. 돈을 버니까.

그렇게 생각하면 호리에몬이 미디어 매체를 매수하는 일에 집착한 이유를 알 수 있다. 주식 투자는 타인의 예상을 예상하는 기묘한 게임이다. 그리고 정보화 사회에서는 이 예상이 연쇄반응을 일으켜 하나의 거대한 흐름이 된다. 텔레비전이나 인터넷 같은 정보발신 장

치만 있으면 되며 극단적으로 말하면 회사의 실체 따위는 없어도 상관없다. 일단 시장에서 인지되기만 하면 번화가에 위치한 본사에는 간판만 달려 있고 사무실은 텅 비어 있어도 주가는 계속 상승한다.

이것이 호리에몬이 목표로 한 버추얼 컴퍼니이다. 그다지 황당무계한 이야기도 아니니 그의 야망이 실현될 가능성은 상당히 높지 않았을까? 그의 야망은 주식 시장의 본질 그 자체였으니 말이다.

인간의 욕망이
만들어낸 괴물

호리에몬이 한 일은 비디오 게임에 열중하는 아이의 행태와 똑같았다. 아이들은 게임의 버그나 숨겨진 비법에 정신을 빼앗긴다. 이들은 게임을 깰 수 있는 필살기를 알아내거나 단숨에 캐릭터 레벨업을 할 수 있다.

시장경제에서 가격의 괴리를 이용해 영속적으로 이익을 얻을 수 있는 사람은 없다. 일확천금을 거머쥐려는 사람들이 몰려들었던 골드러시의 시대처럼, 일단 대박이 났다는 소문이 퍼지면 어떤 금광이라도 사람들의 끝없는 욕망으로 한순간에 폐허가 되기 때문이다.

그러나 그 괴리가 제도(시스템)에서 생겨났다면 이야기가 달라진다. 국가는 시장보다 훨씬 변화가 느리므로 규칙이 개정되어 버그(괴리)가 없어질 때까지는 계속 이익을 취할 수 있다. 라이브도어(당시 사명은 온 더 엣지)의 주식 분할이 문제가 된 것은 한참 전인 1999년 12월, 라이브도어가 도쿄증권 마더스에 상장했던 무렵으로 거슬러올라가야 한다. 하지만 언젠가는 규칙은 변경되는 것이고 이익을 내는 씨앗은 구실을 못하게 된다. 신주 즉시발행과 도쿄증권거래소의 통제로 인해 대량의 주식 분할은 사실상 불가능해졌고 다른 비즈니스 모델(즉 시스템 버그)을 발견해야만 했다.

호리에몬이 새로운 놀이를 찾아낸 것은 2004년 6월에 프로 야구 산업에 진출하려 했을 때가 아니었을까? 2005년 2월, 라이브도어가 닛폰방송 주식을 대량으로 취득하는 것을 보고 그 느낌은 확신으로 변했다. 그가 시작한 것은 머니 게임으로 얻은 이익을 밑천으로 주식 시장에서 막대한 자금을 조달하여 인습이나 국가 규제 등에 얽매이던 기업을 가로채는 일이었다. 그는 일찌감치 시장의 괴리에서 돈이 떨어져내린다는 점을 알고 있었으며, 모든 사람의 박수갈채를 받을 수도 있으니 이렇게 재미있는 일이 어디 있겠는가? 사업 자체가 허상이기에 계속해서 새로운 일을 벌이지 않으면 주가를 유지할 수 없다는 사정도 있었다(MSCB라는 전환사채로 장난을 쳤지만 이 이야기는 설명하기 복잡하니 넘어가겠다).

이 시도는 레버리지를 최대한 이용한 하이리스크 투자이다. 놀이를 계속하려면 M&A(기업 인수합병)를 그만둘 수 없다. 하지만 매수할 수 있는 회사 수에는 한계가 있으며 언젠가 이 게임은 끝날 것이다. 그때 라이브도어 그룹은 지금보다 훨씬 몸집이 커졌을 것이니 그때 가서 파탄이 났다면 아마겟돈급의 재앙이 일본 경제에 닥쳤을지도 모른다.

일본의 IT 업체들이 프로 야구팀 인수에 적극적인 이유

2004년 6월, 일본 프로야구협회가 경영난에 빠진 오사카 긴데츠팀을 해체하고 새로운 퍼시픽 리그팀 창단을 공모하자, 여기에 라이브도어와 라쿠텐이 응모했다. 라쿠텐도 라이브도어처럼 인터넷 혁명이 가시화된 1997년에 창업해 종합 IT 업체로 올라선 기업이다. 이 경쟁은 라쿠텐의 승리로 끝났다.

이렇게 일본의 IT 업체들이 프로 야구팀 인수에 발 벗고 나선 이유는 본업과의 상승효과 때문이다. 인터넷으로 시합을 중개할 수 있고 팬클럽 회원에 대한 물품 판매 등 인터넷 사이트를 통한 비즈니스 기회를 넓힐 수 있다. 실제로 라쿠텐은 야구팀 인수 후, 사이버 쇼핑몰의 운영 수익이 큰 폭으로 증가했다. 라이브도어의 경우 신생팀 창단 경쟁에 참여하겠다는 의사표명만으로도 동사가 운영하는 사이트의 접속 건수가 3배 정도 증가했다. 네티즌들의 접속이 증가할수록 광고 수입이 증가하는 비즈니스 모델을 가지고 있으므로 경쟁에서 밀리긴 했지만 투자금은 충분히 건진 셈이다.

그런데 이 이야기, 어디서 들어본 적이 없는가?

그렇다. SF만화의 금자탑인 오모토 가쓰히로大友 克洋의 〈아키라〉의 이야기와 흡사하다. 거침없는 젊은이가 세기말의 도쿄를 거대한 폐허로 만든다는 이야기. 만화 세대인 젊은이들이 지금도 호리에몬을 지지하는 이유는 여기에 있지 않을까?

그러나 만화 같은 자가증식 이야기는 호리에몬이 체포된 것으로 말미암아 도쿄증권거래소의 시스템을 마비시키는 수준에서 종결되었다. 아마도 일본 사회에는 그편이 더 좋았으리라. 하지만 한편으로는 그냥 두었더라면 어떻게 되었을지 보고 싶기도 했다.

호리에몬은 주식 시장이라는 버추얼 게임 공간이 낳은 희귀한 캐릭터였다. 우리 사회에 잠재된 욕망과 왜곡이 그 캐릭터를 괴물로 둔갑시켰다.

2005년 2월 8일, 호리에 다카후미 라이브도어 사장은 후지TV의 대주주인 라디오방송사 닛폰방송의 지분 35%를 사들여 최대주주가 되었음을 밝혔다. "라디오 방송과 인터넷을 융합하면 새로운 비즈니스 모델이 창출될 것"이라는 것이 표면적인 이유였지만, 진짜 이유는 닛폰방송을 손아귀에 넣어 후지TV에 영향력을 행사하겠다는 계산이었다.

후지TV는 후지산케이그룹 계열이면서 닛폰방송의 최대주주였지만 주식 시가총액 면에서 보면 모회사를 능가했다.

호리에 다카후미 사장은 그 틈새를 노렸다. 미국의 투자은행인 리먼브라더스로부터 무려 800억 엔을 조달하여, 시간외 거래를 통해 하루 만에 집중 매수에 성공했다. 일본에서 제일 잘나가는 민영방송 '후지TV'에 사실상 매수의 손길을 뻗친 것이다. 후지TV는 호리에 다카후미 사장의 "제휴합시다."라는 제안을 단호히 거부하고 모든 대응책을 내놓으며 결사 항전했다. 보수기득권층의 대표 격인 후지산케이그룹은 소프트뱅크의 계열사인 소프트뱅크 인베스트먼트(SBI)를 '백기사'로 동원했다. 닛폰방송의 후지TV 보유지분을 SBI에 5년간 빌려주는 '묘수'를 던진 것이다. 이렇게 하면 라이브도어가 닛폰방송을 장악하더라도 후지TV의 지분이 없어져 후지산케이그룹에 영향을 미칠 수 없게 된다.

이 싸움은 법정을 오가다 3개월 만에 화해의 길을 선택했다. 두 회사는 라이브도어가 보유한 닛폰방송 주식을 후지TV가 사들이는 대신, 후지TV 측은 라이브도어의 증자에 참여해 지분 12.75%를 보유한다는 자본 제휴에 합의했다. 후지TV를 지배하려는 꿈은 좌절되었지만 32세의 젊은 사장은 스타덤에 올랐다.

한편, 호리에몬의 머니 게임에 화들짝 놀란 재계와 금융당국은 기업 인수와 관련된 규정과 법안 수리에 나섰다. 법무성은 적대적 M&A가 어렵도록 상법을 고치고, 금융청은 시간외 거래에 대한 규제를 강화했다. 이 법안 제정은 자민당, 금융청, 법무성이 똘똘 뭉쳐 순식간에 처리되었다.

도쿄의 외자계 투자은행 관계자들은 "자본 개방의 시기에 일본은 거꾸로 간다. 빈대 잡으려다 초가삼간 태우는 격이다."라는 말들을 하며 일본의 폐쇄성을 재확인시켜주었다고 혀를 찼다.

3장

데이트레이딩은 라이프스타일이다

또다른 **삶의 자유를** 누릴 수 있는 **가능성**

발리섬의 주요 관광지인 쿠타에서 북쪽으로 5분 정도 차를 몰면 다소 촌스러운 시골길에 산뜻한 유럽풍의 카페와 레스토랑이 드문드문 자리한 리조트지 스미냑이 나온다. 이곳은 장기 체류자를 위한 빌라가 많아서인지 떠들썩한 쿠타와는 분위기가 상당히 다르다.

내가 가끔 가는 인터넷 카페는 좁은 골목의 구석에 있었다. 그곳에는 모니터 2대를 놓은 부스가 있는데 언제나 'reserved(예약완료)'라는 안내판이 걸려 있었다.

어느 날 저녁, 근처의 레스토랑에서 식사를 한 뒤, 급히 메일을 보낼 일이 생겨서 그 카페에 들렀다. 20대 후반쯤으로 보이는 금발의 젊은이가 반바지에 티셔츠, 비치샌들 차림으로 부스에 눌러앉아 진지한 표정으로 모니터를 들여다보고 있었다. 실시간 주가 차트가 빽빽하게 화면을 메우고 있었다. 그는 데이트레이더였던 것이다.

그날은 예상대로 주가가 움직이지 않아 따분했던지 그가 먼저 말을 걸어왔다.

"당신도 트레이더인가요?"

우리는 잠깐 이야기를 나누었다. 네덜란드에서 온 그는 아시아를 여행하는 비용을 주식 거래로 벌어들이고 있었다. 매매 대상은 영국의 런던과 독일의 프랑크푸르트 시장에 상장된 주식이고, 각 시장의 주가를 모니터 2대로 체크하면서 매매 타이밍을 기다린다. 컴퓨터를 칸막이로 둘러싼 것은 다른 손님이 마음대로 시스템을 조작하지 못하게 하기 위해서이다. 유럽 장이 열리는 저녁부터 심야까지 이용하는데, 물론 가게에는 하루치 요금을 지불한다.

그는 각종 차트를 보여주며 약간 으스대며 말했다.

"이 방법으로 월 3,000달러는 확실하게 법니다."

보통 한 달에 10일에서 2주 정도만 부스에 틀어박히면 목표 금액에 도달하고, 이후부터는 주식 거래를 중지하고 여행길에 오른다고 한다(그는 내게 다양한 매매 테크닉을 가르쳐주었지만 유감스럽게도 잘 이해할 수 없었다).

1997년 미국의 한 재판소에서 '역사적'인 판결이 내려졌다. 한 개인 투자자가 기관 투자자와 대등한 트레이딩 기회가 주어지지 않는 것은 불공평하다고 증권거래소를 고소한 사건에서 승소한 것이다. 이 판결로 인해 개인 투자자들도 자신의 컴퓨터로 직접 나스닥 시장의 메인 프레임 컴퓨터에 접속할 수 있게 되었다. 이것이 데이트레이딩의 원년이다.

처음에는 전미 주요 도시에 설치된 트레이딩 그룹에서 위성회선을 통해 증권거래소의 컴퓨터와 교신을 했지만, 지금은 인터넷 보급과 IT기술의 급속한 진화에 따라 무인도나 사막 한가운데에서도 기관 투자자와 똑같은 거래를 할 수 있다. 데이트레이딩이라는 파도는 미국에서 시작해 유럽과 아시아로 급속히 확산되었다. 이제 데이트레이딩은 단순히 트레이딩 기법 중에 하나가 아니다. 기술적인 측면에서 보면 그들이 하는 일은 기존의 주식 투자자와 전혀 다르지 않다.

내가 만난 젊은이는 물가가 낮은 발리에 장기체류하면서(월 3,000달러는 현지에서 엄청나게 큰 돈이다), 시차를 이용하여 트레이딩 시간을 저녁으로 옮기고 낮에는 해변에서 서핑을 즐기다가 밤에는 나이트클럽에 춤을 추러 가는 유유자적한 나날을 보내고 있었다. 이것이 유럽의 여행자들이 선망하는 삶이다. 어느새 아시아의 저렴한 숙박가에는 트레이더인지 배낭족인지 모를 젊은이들이 몰려들게 되었다.

그들에게 데이트레이딩은 라이프스타일이자 삶에서 또 다른 형태의 자유를 누릴 수 있는 가능성이었다.

경마 **필승법**이 **존재**하지 **않는** 이유

주식 투자가 동전 던지기와 같은 도박이라면, 논리적으로는 트레이딩으로 계속해서 이익을 낼 수 있는 사람은 없어야 한다. 이는 모든 단기 주식매매에 해당되며 우연의 게임을 일정 회수 이상 계속하면 반드시 수수료만큼 손해를 보게 되어 있다.

예를 들면 경마는 공제율이 25%나 되는 지극히 손해보기 쉬운 도박이다. 1만 엔으로 마권을 사면 판돈은 7,500엔이 된다. 이렇게 수수료율이 높으면 경주마들의 전적이나 혈통 분석을 해서 미미하게 승률을 높였다고 해도 도저히 이익을 낼 수 없다. 그래서 '경마 필승법'은 이 세상에 존재하지 않는다.

경마보다 확률이 더욱 낮은 도박이 복권이다. 복권은 건 돈의 반 이상이 복권협회의 수익이 된다. 당연히 복권을 구입한 사람들의 대부분은 평생 손해만 보다가 끝난다. "복권은 무지한 인간에게 부과되는 제2의 세금"이라는 말이 생겨날 만하다.

이쯤에서 "말은 그렇게 해도 복권에 당첨되어 억만장자가 된 사람도 있잖아."라는 반론이 나온다. 이것도 사실이지만 그래도 이 논의의 쟁점은 변하지 않는다. 복권 당첨 확률은 지극히 낮고, 평생 구입할 수 있는 횟수에도 한계가 있으므로 아무리 복권에 열중하는 사람이라도 통계적으로 충분히 많은 수의 복권을 살 수는 없다. 만약 1등에 당첨된 사람이 영원히 죽지도 않고 계속 복권을 산다면 그는 분명히 자신이 투자한 돈의 반을 잃게 될 것이다.

경마나 복권 같은 '악질적인' 도박에 비해 데이트레이딩은 훨씬 승률이 높다. 현재 주식매매 수수료는 온라인 거래의 경우, 투자 금액의 0.1~0.01% 정도이니 주식 투자는 모든 게임 중에서도 가장 유리한 도박이 되었다.

시장을 효율적인 존재라고 믿는 경제학자는 '항상 이기는 트레이더'가 있음을 인정하려 들지 않는다. 100만 엔을 5년 만에 100억 엔으로 만든 트레이더가 나타났다고 해도 "그런 건 우연일 뿐이다."라고 치부한다. 하지만 나는 데이트레이딩으로 안정적인 이익을 올릴 수 있다고 생각한다. 첫 번째 이유는 주식 시장은 경제학자가 생각하는 정도로 효율적이지 않기 때문이며, 또 다른 이유는 자신이 창안한 매매 시스템으로 연간 수천만 엔에서 수억 엔의 이익을 지속적으로 올리는 트레이더를 몇 명 알고 있기 때문이다.

그래도 나는 데이트레이더가 될 생각은 없다. 그 이유를 지금부터 설명하겠다.

주식 거래는 심리 게임이다

이론상에서 주가는 기업의 실적에 따라 결정된다. 그런 한편으로 주식 투자는 케인즈의 주장처럼 '미인 콘테스트'이기도 하다. 주식 시장에서 활약하는 참가자는 자신의 취향과 상관없이 다른 참가자들이 미인이라고 생각하는 종목에 투표해야 한다는 점에서 주식 거래는 일종의 심리전이라 할 수 있다.

데이트레이딩은 '하루에도 여러 번 주식을 사고팔아 시세차익을 노리며 주식을 다음 날까지 보유하지 않는 투자 기법'으로 정의된다. 매매 간격을 아주 짧게 하면 국내총생산GDP이나 실업률, 예상 실적 등 주가를 움직이는 요소들의 영향력은 사라지고, 시장에 참가하는 사람들의 생각만이 남는다. 그때 주식 투자는 참가자들의 심리가 승패를 좌우하는 포커 같은 게임이 된다.

데이트레이딩을 하는 사람은 주가 차트를 보고 다른 참가자들의 패를 예측하여 수도 없이 주식을 사고팔며 그 이면을 살핀다. 이는 잘 짜여진 심리 게임, 즉 도박이다. 그래서 미국에서는 라스베이거스의 카지노에서 주식 시장이나 선물 시장으로 이동하는 프로 도박사가 속출하고 있다. 하루 만에 매매를 끝내고 주식을 팔아치우는 것은 자신이 관여하지 않는 부분에서 손실이 발생할 리스크를 회피하기 위해서이다.

　주식 거래는 참가자들의 심리전 양상을 띠므로 항상 주가조작의 위험이 따라다닌다. 가장 흔한 방법은 인터넷의 익명 게시판이나 메일 발신 서비스를 이용하여 자신에게 유리한 가짜 정보를 유포하는 것으로, 이른바 ‘투기적 거래자speculator’로 불리는 전업 투자자들이 잘 쓰는 수법이기도 하다. ‘허수주문’이라는 수법도 자주 사용되는데, 이것은 가공의 매수 주문을 대량으로 내놓아서 그 종목이 주목을 받고 있는 것처럼 위장하여 주가를 폭등시키는 행위이다. 당연히 그 주문은 체결이 될 것 같으면 취소해버린다.

　인터넷이 보급됨에 따라서 개인 투자자도 이 수법들을 조합한 자작행위로 주가조작을 하기가 쉬워졌다. 이런 주가조작은 증권거래법 위반이며 징역형까지 받을 수 있는 큰 범죄이지만, 범죄의도를 증명하기 어려우므로 법률 위반의 경계선을 아슬아슬하게 넘나드는 행위가 끊이지 않는다(2005년 12월에 홋카이도의 개인 투자자가 증권거래법 위반으로 유죄판결을 받은 사건은 있다. 그는 혼자서 주가를 5배나 급등시켰다).

　주식 시장에 순수한 데이트레이더는 그렇게 많지 않다. 아무리 매매 수수료가 싸다고 해도 주식을 여러 번 사고팔면 수수료 비용만으로 이익이 날아가버린다. 또, 데이트레이딩은 일면 대담하고 극적인 기법으로 보이지만, 사실은 얼마 안 되는 이익을 조금씩 쌓아가는 수수한 투자 기법이다. 따라서 소액의 투자자금을 단기간에 크게 불리려는 사람에게는 적합하지 않다.

데이트레이딩보다는 투자 기간을 길게 갖고 좀 더 큰 흐름을 타는 것이 '스윙트레이딩'이다. 주가가 오르락내리락하는 종목에 대담하게 투자하여 1~2일 동안의 가격 변동을 이용해 많은 이익을 챙기려는 투자자들이 선호하는 기법이다. 한 달에 몇 차례씩 사고파는 기법은 '단기 매매'라고 한다. 가끔 주식 투자 관련 잡지에 하루에 수백 번씩 주식을 사고파는 투자자를 소개하는 기사가 나오는데, 그들은 대부분 '프로그램 매매'를 이용한다. 증권매매 프로그램을 컴퓨터에 입력해두면 컴퓨터가 주식 시장의 가격 변동을 모니터링하다가 매매 상황이 되면 자동으로 주문을 하는 것이다.

이러한 투자 기법은 점점 세분화되고 있으며 일일이 그 차이점을 설명하려들면 끝이 없으니 여기서는 전부 다 '트레이딩'으로 부르겠다. 모든 트레이딩에는 공통된 원칙이 있기 때문이다.

누군가 득을 보면 누군가 손해를 본다

데이트레이더가 되면 다니기 싫은 회사를 억지로 다니지 않아도 되고 세계 여러 나라를 여행하며 자유롭게 살 수도 있다. 이는 무척 매력적인 제안이지만 여기에는 함정이 숨어 있다. 주식 거래는 제로섬 게임이라는 함정이다.

'제로섬'은 이익과 손해를 더한 합계가 0이 된다는 뜻이며 모든 게임의 기본 원칙이다. 100엔을 걸고 동전 던지기를 하면 한쪽은 100엔을 벌고 다른 한쪽은 100엔을 잃기 때문에 둘을 합하면 0이 된다(보통 이 금액에서 수수료가 빠져나가기 때문에 실제는 마이너스가 된다).

주식 거래에도 같은 이론이 적용된다. 그것은 매매가 성립했다는 사실로도 간단히 증명된다. 어떤 주식의 가격이 100엔이면 주식 시장에서 그 주식을 100엔에 산 투자자와 100엔에 판 투자자가 있다는 말이다. 전자가 그 가격에 주식을 산 것은 그 주식이 앞으로 더 오를 것이라고 예상했기 때문이고, 후자가 그 가격에 판 것은 반대로 앞으로 가격이 더 내려갈 것이라고 생각했기 때문이다. 이처럼 주식 거래에 서는 어떤 경우에도 정반대의 예상을 하는 투자자가 같은 수(같은 주식 수)만큼 있지 않으면 매매가 성립하지 않는다(만약 한쪽밖에 없다면 주식은 계속 오르거나 내릴 것이다).

유동성이 높은 주식 시장에서는 매매가 성립하자마자 주가는 위아래로 이동한다. 이는 다시 말해 투자자 두 사람 중 한쪽의 예상은 적중했고 다른 한쪽은 빗나갔다는 뜻이다. 주가가 110엔으로 올라가거나 90엔으로 떨어짐에 따라서 내기의 승자는 달라지지만, 어떤 시점을 봐도 두 사람의 손익을 합하면 0이 되는 사실은 달라지지 않는다. 주식 거래는 원리적으로 이 제로섬 게임을 무한 반복하는 거래이므로 모든 거래의 합계는 필연적으로 제로섬이 된다.

누군가가 100엔을 벌었다는 것은 누군가가 100엔을 잃었다는 것이다. 누군가가 1만 엔을 벌었다는 것은 누군가가 1만 엔을 잃었다는 뜻이다. 여기까지는 전부 이해가 될 것이다.

그러면 당연히 다음과 같은 단순한 사실에 눈을 뜨게 된다. 누군가가 100만 엔을 5년 동안 100억 엔으로 불렸다는 것은 누군가가 5년 동안 100억 엔(정확히 말하면 99억 9,900만 엔)을 잃었다는 것이다.

물론, 한 명이 이렇게 많은 손실을 떠안는 것은 아니다. 이 손실은 많은 사람에게 분산된다. 한 명의 성공한 사람 뒤에는 어렵게 마련한 100만 엔을 날려버린 1만 명의 투자자가 가려져 있다.

차트로 미래를 읽을 수 있을까

일본보다 한발 빠르게 데이트레이딩 붐을 맞이한 미국의 통계 자료에 따르면, 이 새로운 게임에 참가한 트레이더 중 70% 이상이 1년 뒤에는 모든 자금을 잃고 주식 시장에서 퇴장했다고 한다. 데이트레이더의 5%만이 살아남는다는 조사 결과도 있다. 이 통계가 어느 정도로 정확한지 판단할 근거는 없지만 나는 이 보고가 상당히 실태에 접근한 내용이라고 생각한다. 막대한 이익을 얻은 트레이더가 있는 만큼 그 반대편에 그 이상의 패배자가 있지 않으면 이야기의 앞뒤가 맞지 않기 때문이다.

논리적으로나 현실에서나 '데이트레이더가 꽤 이익을 낸다'는 것은 명백한 오해이다. 그런데 왜 신규 참여자가 끊이지 않는가 하면 그 이유는 간단하다. 텔레비전이나 잡지, 인터넷에는 '성공한 트레이더'밖에 등장하지 않기 때문이다. 손해를 보고 퇴장한 사람들은 목청을 높여 자기 이야기를 하지 않는다. 그 결과 '모든 트레이더가 성공하고 있다'는 착각이 생긴다.

또 하나는 온라인 증권사들을 중심으로 데이트레이딩이나 단기 매매를 부추기는 조직적인 홍보 활동이 실시되고 있기 때문이다.

온라인 증권사들은 비상식적인 수준의 수수료 인하 경쟁에 돌입하였다. 그 결과 더이상 정상적인 방식으로 장사를 해서는 이익을 거둘 수 없게 되었다. 한 거래당 이익이 적게 나니 박리다매로 돈을 벌 수밖에 없다. 이 사업이 성공하려면 데이트레이더가 증가해야만 한다. 그들은 '투자자 교육'이라는 현수막을 걸고 무료 투자 세미나를 열어서 초보자에게 신용거래나 기본적인 기술적 분석 방법에 대해 강의한다. 기술적 분석이란 간단히 말해서 주가 차트를 보고 미래의 주가를 예측하는 기법이다. 나는 그런 비법이 이 넓은 세상에 존재할 가능성을 전면 부정하지는 않지만 이것만큼은 단언할 수 있다.

차트 분석으로 돈을 버는 방법이 무료 주식 세미나에서 공개되거나 집 근처 서점에서 판매되는 주식 입문서에 쓰여 있는 일은 절대로 없다.

대표적인 기술적 분석으로 거의 모든 주식 입문서에서 '이동평균선'이라는 것을 내세운다. 이동평균선은 과거 20일 간(주가 산출 기간은 5일, 10일, 20일, 60일 등으로 다양하다)의 주가를 평균가격으로 연결시킨 선으로, 단기 이동평균선이 중·장기 이동평균선을 급속히 상향 돌파하면 골든크로스라 하여 주식을 사고, 반대로 급속히 하향 돌파하면 데드크로스라 하여 주식을 파는 것이 원칙이다. 정말 그렇게 간단한 방법으로 이익을 낼 수 있을까? 나는 그 방법이 효과가 있는지 직접 검증해본 적이 있다.

나는 인터넷에서 과거의 주가 데이터를 입수해 간단한 프로그램을 만들어서 '이동평균선 전략'과 주식을 사서 장기 보유하는 '바이앤드홀드Buy&Hold 전략'을 다양한 종목과 다양한 기간으로 비교해 분석했다. 그 결과 다음과 같은 사실이 밝혀졌다. 모든 경우에서 이동평균선 전략은 주가 하락 국면에서는 효과를 발휘하지만 상승 국면에서는 바이앤드홀드보다 훨씬 수익률이 떨어졌다.

사실 이 '진리'를 발견하기 위해 일부러 실험까지 할 필요도 없었다.

이동평균선 전략에서는 데드크로스(매도 신호)에서 일단 주식을 판 다음, 골든크로스(매수 신호)가 나타나기를 기다린다. 그렇다면 주식을 보유하지 않은 기간에 주가가 하락하면 손실을 보지 않고 끝나지만 반대로 주가가 상승하면 이익이 나지 않는다. 그게 전부이다.

미국에는 특이한 학자들이 꽤나 많은 모양인지 수치화할 수 있는 기술적 분석 기법을 과거의 주가 데이터에 적용하여 주가의 움직임을 계측하는 시도가 빈번하다. 그에 따르면 통계적인 유의성을 갖고 지속적으로 이익을 내는 기법은 존재하지 않으며 대부분 기술적 분석을 이용한 투자 결과는 무작정 주식을 사고팔았을 때와 다르지 않다.

증권사가 주최하는 세미나에 참석하여 차트 읽는 법을 배우고 있노라면, 이 이야기도 옳고 저 이야기도 옳게 들려 왠지 자신도 이익을 낼 수 있을 것 같은 생각이 든다. 하지만 이것은 퀴즈의 정답을 보고 나서 문제를 푸는 것과 마찬가지이다. 강사는 그 이론에 들어맞는 차트를 골라서 거기에다가 그럴듯한 설명을 갖다붙일 뿐이다.

확실하게 이익을 내는 방법을 모든 투자자가 알고 있다면 논리적으로 그 방법으로는 아무도 이익을 낼 수 없다. 손실을 입는 투자자가 어디에도 존재하지 않으므로. 주가가 매일 변동한다는 사실은 아무도 미래를 예측할 수 없다는 당연한 사실을 역설적으로 증명한다.

이상현상을 찾아라

미국의 전설적인 트레이더 리처드 데니스^{Richard Dennis}는 1970년에 겨우 400달러의 자금으로 주식 거래를 시작해서 2억 달러가 넘는 자산을 구축했다. 그는 성공적인 주식 거래로 유명해졌지만 그보다 검소하고 절약하는 생활습관과 막대한 자산을 기부와 정치헌금(그것도 민주당에)에 아낌없이 쓴 것으로 더 사람들에게 주목받았다.

래리 윌리엄스^{Larry Williams}는 전설적인 트레이더 중에 한 사람이다. 그는 '15년 간 무패'라는 전대미문의 기록을 세웠고, 주식 실전투자대회에 참가하여 1년 만에 1만 달러를 100만 달러 이상으로 부풀려서 '100만 배의 남자'라고도 불린다.

마티 슈와츠^{Marty Schwartz}는 전미 트레이딩 선수권에서 매년 높은 성적을 올려 '챔피언 트레이더'라는 칭호를 얻었다. 그는 10번의 대회에 참가했는데 9번의 실적만으로도 다른 참가자들의 이익을 모두 합한 것을 넘어섰다.

　주식 시장의 모든 참가자들이 경제합리적으로 행동한다면 주식 투자는 동전 던지기와 같은 우연의 게임이 된다. 그러면 어느 누구도 다른 참가자보다 유리한 위치에 설 수 없다. 여기까지는 경제학자의 주장과 같다.

　그러나 인간이 언제나 합리적으로만 행동하지는 않는다. 항상 승리하는 트레이더가 있다는 것은 제 무덤을 파서 손실을 입거나 심리적인 착각으로 잘못된 행동을 하는 사람들이 시장에 일정한 수만큼 존재한다는 사실을 나타낸다. 효율적이어야 하는 시장에서 특정 트레이더에게 명백히 유리한 상황이 생기는 것을 '이상현상Anomaly'이라고 한다. 항상 이기는 트레이더는 미래의 주가를 점치는 마법을 사용하는 것이 아니라, 통계적으로 유리한 확률로 이길 수 있는 기회를 발견하는 기술을 터득하고 있는 것이다.

　행동경제학에서는 이런 이상현상을 경제학적으로 분석한다. 경제심리학자인 다니엘 카네만Daniel Kahneman은 이상현상에 대한 연구로 2002년 노벨경제학상을 수상하여 일약 유명인이 되었다. 예를 들면 과거 50년 동안의 미국의 주식 시장 데이터를 조사하면 연말에서 1월까지는 주가가 상승하는 경향이 현저하게 나타난다. 직장인들에게 보너스가 지급되어 많은 자금이 연금 펀드에 유입되고, 사람들이 손실이 난 주식을 절세효과를 노리고 일단 팔았다가 해가 바뀌고나서 다시 사들이기 때문이라고 한다. 한 달 동안의 주가는 월 초와 중순에 대폭 상승한다. 미국에서는 급여를 2주에 한 번씩 지급하는 회사가 많아서, 급여에서 연금펀드로 적립된 자금이 주가를 밀어올리는 역할을 한다. 주간 데이터를 보면, 1980년대까지는 확실하게 주가가 주말에 상승하다가 월요일에 크게 떨어졌다. 1990년대가 되자 이유는 분명하지 않지만 월요일의 주가 상승률이 가장 높았다. 일일 움직임을 보면 개장 시간과 폐장 시간에 주가가 상승하는 확률이 아주 높다.

이렇게 행동경제학 이론에서는 인간의 심리와 제도적인 이유(세제, 급여일 등)로 주식 시장이 미묘하게 편향되어 있다고 본다. 그 기회를 효과적으로 이용할 수 있다면 장기적으로 50% 이상의 승률을 유지하는 것도 결코 불가능하지는 않다.

전설적인 트레이더들은 시장에 숨어 있는 괴리를 매일 반복되는 주식 거래 속에서 발견했던 것이다.

주식 시장의
스타워즈

　　　미국 주식 시장에 데이트레이더가 처음 등장했을 무렵, 그들은 종종 자신들을 '스타워즈'의 주인공에 비유했다. 대형 증권사와 기관 투자자가 지배하는 월가가 다스베이더^{Darth vader}의 '악의 제국'이고 고속통신회선과 최신 트레이딩 시스템으로 무장한 개인 트레이더의 연합군이 '독재정치'에 맞서 싸우는 것이다.

　　당시의 루크 스카이워커^{Luke Skywalker}와 한 솔로^{Han Solo}들의 최대의 적은 골드만삭스, 솔로몬, JP모건 등 거대 투자은행의 트레이딩 부문이었고, 가장 쉬운 먹이는 투자신탁이나 연금기금 등의 엉덩이가 무거운 기관 투자자였다. 그들이 일개 트레이더가 아니라 '히어로'일 수 있었던 희귀한 시대였기에 지금도 많은 사람이 그 무렵의 열기를 그리워한다. 물론 얼마 되지 않아서 트레이더가 급속히 증가하면서 서로 물어뜯는 살벌한 시대가 되었지만 말이다.

　　그 무렵의 데이트레이더가 어떤 게임을 했는지 일본의 사례로 살펴보자.

　기관 투자자의 자금을 운용하는 펀드 운용 기관 중에는 "주가 100 엔 미만의 종목은 보유하지 않는다."고 정한 곳이 있다. 고객에게 설 명할 수 없는 넝마 같은 주식을 계속 끌어안고 있지 않기 위한 규칙 인데 IT거품 붕괴 이후의 하락장에서는 은행이나 건설, 부동산 관련 주식들이 우수수 100엔대까지 폭락하고 말았다. 그때 이런 주식을 일 제히 공매도해서 주가를 두 자릿수로 떨어뜨린다면 그 다음날, 펀드 운용 기관과 기관 투자자는 규정에 따라 보유 주식 전부를 매도할 수 밖에 없다. 그로 인해 엄청난 손실을 입어도 그들은 어차피 월급쟁이 이며 자신이 맡은 자산은 남의 것이니 어떻게 되어도 상관없는 것이 다(어차피 그 규칙은 그들이 만든 것이 아니니 말이다).

　이 게임은 진짜 재미있다. 다음날에는 주가가 100% 확실하게 폭락 하게 되어 있으니 최저 시점에서 주식을 사들이면 왕복 2번이나 수익 이 난다. 주가가 낮기 때문에 직장인의 용돈으로도 즐길 수 있고 일단 노린 종목이 이전 가격을 회복하기란 거의 불가능하므로(매도하면 이 익이 난다는 사실을 모르는 사람이 없으므로) 손해를 볼 가능성은 거의 없다. 100만 엔이 하루 만에 200만 엔이 되었다는 이야기가 그 당시 에는 길거리에 굴러다니는 돌만큼이나 많았다.

　하지만 모두가 주식에 열중하게 된 이유는 다른 곳에 있다. 인터 넷으로 정보를 교환하면서 힘을 합쳐 먹이를 추격하여 종가가 100 엔 이하로 떨어졌을 때의 그 짜릿함! 주식 시장은 가상의 전쟁터였고 그들은 기습공격으로 적의 항공모함과 전함을 차례차례 격침했다.

이제 잘 알겠지만 이것은 일종의 온라인 게임이다. 비법만 알면 놀면서 이익을 낼 수 있는데다가 통쾌함과 흥분으로 속까지 시원해진다. 그들에게 휘둘리는 회사 경영자는 기가 막힐 노릇이겠지만 원래 주가가 하락한 것은 자업자득이고 금융기관은 경영파탄에 이르러도 어차피 세금으로 구제되는데 뭐 어떠랴.

기업연금을 운용하는 운용사가 막대한 손실을 입으면 은퇴 후 연금을 받을 수 없다고? 그런 건 훨씬 나중의 이야기이니까 상관없다. 원래부터 손에 쥔 패를 보이며 도박을 한 쪽이 바보가 아닌가. 그런 녀석은 없어지는 게 세상을 도와주는 길이다. 아, 지금 생각하니 이건 호리에몬의 논리와 똑같잖아!

하지만 그 어떤 이상현상도 세간에 유포되는 순간 마력을 잃고 만다. '전함 격침 게임'에서도 주가 100엔대가 무너지기 일보직전에 주식을 단숨에 사들인 증권사 트레이더가 등장함으로써 참가자들은 공황상태에 빠졌다. 우습게도 이번에는 개인 트레이더가 패를 읽혀 먹이가 되었던 것이다.

그래도 **데이트레이더**가 되겠는가

많은 사람이 주식 거래는 그저 돈을 버는 도구라고 오해한다. 주식과 선물 데이트레이딩은 인류가 낳은 최고의 도박이며, 이 도박은 뇌의 쾌락중추를 강하게 자극해 때로는 약물중독을 능가하는 의존증을 유발시킨다.

온라인 투자자들은 더 강한 자극을 위해 가상의 주식 시장을 표류하고 그들이 가는 곳에는 다양한 희비극이 일어난다. 그 때문인지 데이트레이더는 보수적인 사람들 사이에서 특히 평판이 나쁘다. "젊은 사람들이 주식에만 정신을 판다면 우리 사회의 미래는 어찌 되겠는가?", "이대로 가면 주식 시장이 도박판이 될 것이다!" 등. 화를 내는 이유는 알겠지만 그렇게 혈압을 올리며 열변을 토할 필요는 없지 않을까?

사람들이 주식에 빠지는 이유를 알고 싶다면 직접 데이트레이딩을 해보는 것이 가장 빠른 길이다. 주식 거래에 혼을 빼앗기면 주식 시장이 열리는 평일 오전 9시부터 오후 3시까지는 집에서 한 발짝도 나올 수 없게 된다. 포지션을 갖고 있건 없건 간에 주가라는 강박관념이 따라다녀서 실시간 차트에서 눈을 뗄 수 없다. 이렇게 되면 정상적인 사회생활은 도저히 불가능하다.

직장생활을 할 경우에는 이보다 훨씬 더 비참해진다. 24시간 내내 장소와 상관없이 휴대전화로 주가를 확인하지 않으면 성이 풀리지 않는다. 중요한 상담 중에도 "주식이 폭락해 지금쯤 망하지는 않았을까?" 하는 망상이 머리에서 떠나지 않는다. 회의나 약속을 점심시간이나 오후 3시 이후로 정할 정도라면 상당한 중증이다. 만약 이런 일이 상사에게 알려진다면 잘하면 좌천이고 잘못하면 해고로 끝난다.

그러면 이런 리스크를 짊어진 상태에서 대체 어느 정도의 이익을 거둘 수 있을까? 물론 그 중에는 매년 자산을 2~3배로 불리는 트레이더도 있다. 1년 동안 자산이 10배로 불어나는 일도 있을 것이다. 하지만 세계에서 내로라하는 프로 투자자가 모인 미국 시장에서도 그런 천재는 얼마 되지 않는다(일본은 투자자 운용 실적을 자진 신고하게 되어 있으므로 개중에는 신뢰할 수 없는 경우도 있다. 미국에서는 실전투자대회가 열리고 투자자로부터 자금을 모아 스스로 펀드를 설립하는 것이 성공 방식처럼 되어 있으므로 트레이더의 실적이 철저하게 검증된다).

노력한 보람이 있어서 데이트레이더로서 대회에서 연이율 20%의 이익을 거두었다고 하자. 프로가 보아도 상위 10%에 들어갈 정도로 훌륭한 성적이다.

당신의 운용자산이 1,000만 엔이라고 하면 이중의 20%는 200만 엔이다. 1,000만 엔은 개인 투자자의 자금으로는 결코 적지 않은 금액이다. 그래도 매일 아침 9시부터 오후 3시까지 모니터에서 떠나지 않은 결과가 연 200만 엔이라면 맥도날드 아르바이트의 시급을 합한 것만도 못한 돈이다.

세계에서 가장 인건비가 높은 편인 일본에서, 프로 투자자보다 월등한 기술(아니면 두뇌든 직감이든 초능력이든 뭐든 좋다)을 갖고 있으면서, 왜 아무것도 하지 않는 백수보다 가난한 생활을 해야 하는가? 금융기관에 취직하면 단숨에 연 2,000~3,000만 엔은 받을 수 있을지도 모르는데.

데이트레이딩에 빠지는 사람이 취직이 안 되는 젊은이나 주부, 은퇴한 직장인인 것에는 분명히 이유가 있다. 그들은 일할 기회를 박탈당했거나 원래 취직할 생각이 없는 사람들이다. 따라서 아무리 데이트레이딩이 유행해도 근로자의 수는 변하지 않는다.

배낭족이 데이트레이더가 되는 것도 같은 이유에서이다. 사회에서 낙오되어 제3세계를 방랑하는 젊은이는 지금까지는 풍속 업소의 호객꾼이나 마약 상인밖에 할 일이 없었다. 그러나 주식 거래에 재능이 있다면 그런 일을 하지 않고도 매일 즐겁게 생활할 수 있다. 이것은 물론 멋진 일이다. 하지만 보통 사람은 그렇게 살지 않는다. 바보 같기 때문이다.

발리에서 만난 젊은이는 내게 가르쳐주었다. 데이트레이딩은 라이프스타일이라고.

총정리

지금까지 주식 시장에서 일어나는 이상야릇한 일들을 제이콤남, 호리에몬, 데이트레이더를 주인공으로 등장시켜 알아보았다. 이 세계는 때로 현실과 동떨어져 보이지만 이곳에서 일어나는 모든 일은 상식선에서 이해할 수 있다는 것을 설명했다. 선물거래니 신용거래니 하는 말이 불쑥불쑥 튀어나와 놀랐을 수도 있지만 그 이야기를 한 데에는 이유가 있다.

온라인 주식 거래의 게시판에서 '주식을 상한가에 매도해 벤츠 한 대를 사다!'라는 글을 읽고서, 내가 모르는 신비한 세상이 있나보다 하고 무심코 투기의 세계로 빠져드는 사람들이 속출하고 있다. 특히 지금까지 도박과는 인연이 없었던 평범하고 성실한 사람이 가장 위험하다.

이런 심리는 신흥종교에 빠져 공동생활을 시작한 사람이나 합동결혼식을 위해 여행을 떠나는 젊은이에게도 공통된다. 그들은 특이한 사람들이 아니라 어렸을 때부터 "종교는 잘못 믿으면 무섭다.", "이상한 사람과는 가깝게 지내지 마라."라는 어른들의 말씀을 그대로 받아들였던 착한 아이들이다. 그런데 어느 시점부터 "이 세상은 부조리한 곳이다."라고 생각하기 시작하더니 우연한 계기로 신흥종교에 빠진 사람을 알게 된다. 그 사람들은 하나같이 순수하고 다정하며 자신이 모르는 여러 가지 일을 가르쳐준다. 그러면 "아하, 지금까지 들었던 이야기는 전부 거짓말이었군!", "내가 정말 찾아 헤맨 건 바로 이거였어!"라는 생각이 들면서 갑자기 저쪽 세계로 뛰어든다. 신흥종교 집단을 악으로 규정하는 어른들(매스컴이나 저널리스트 등)이 오히려 젊은이들을 그곳으로 밀어넣는 구도를 만든 것이다.

주식 투자도 그와 마찬가지이다. 도박 의존증에 걸려 가정을 풍비박산 낸 사람들 중에는 수십 권의 전문서적을 읽으며 심각하게 연구하는 유형이 많다. 또는 회사 임원이나 대기업 관리직 등 직장인으로 성공하여 자부심이 대단한 사람들이 많다. 그들은 패배를 인정하지 못하고 이길 때까지 그만두지 못한다. 그러다가 종종 늪에서 헤어나오지 못 하게 된다. 오히려 경마나 파친코에서 적당히 놀아봤던 사람들은 훨씬 좋은 성적을 내기도 한다.

참고로 '상한가'와 '하한가'는 지나친 주가 등락을 막아 주식 시장의 안정을 꾀하기 위한 증권거래소의 제도이다. 주가에 따라서 가격변동폭이 다르지만 전일종가 3,000엔에서 5,000엔 미만인 경우에는 500엔으로 정해져 있다.• 벤츠 한 대에 1,000만 엔이라고 할 때, 한 번의 상한가로 벤츠를 사려면 적어도 1억 엔 상당의 자금이 필요하다. 그렇게 생각하면 이런 식의 게시글은 대부분 거짓말(다른 투자자들이 주

• 한국의 경우 전일 종가의 상, 하 15%로 정해져 있다.

식을 사게 만들려는 선동)이라는 것을 알 수 있다. 만약 사실이라 하더라도 1억 엔의 자금을 가격변동이 심한 단일 종목에 전부 투자했을 때 발생하는 리스크를 생각하면, 결과적으로 벤츠를 사게 되었다고 해도 전혀 부럽지 않다.

주식 시장에 넘쳐나는 다양한 은어는 신비하면서 폐쇄적인 주식 시장 특유의 분위기를 만드는 데 일조한다. 하지만 그래봤자 사고팔기밖에 없는 단순한 게임이니 기본을 알고 있으면 당황하지 않아도 된다. 공중부양을 할 수 있다거나 누구나 주식 투자로 1억 엔을 벌 수 있다는 식의 황당한 이야기에 속지 않기 위해서라도, 신용거래와 선물거래를 비롯해 현실의 시장에서 무슨 일이 일어나고 있는지 제대로 파악할 필요가 있다.

지금까지 주식 투자의 세계에서 가장 화려한 트레이딩의 세계를 소개했다. 참가자들은 "모든 사람이 미인이라고 생각하는 미인에게 투표하는 게임"에서 승리하기 위해 죽을힘을 다한다. 상대방을 추월하기 위해서는 수단과 방법을 가리지 않으며, 때로는 레일을 벗어나 바닥에 처박히기도 한다. 왜 이런 약육강식의 정글이 되었는가 하면 트레이딩은 제로섬 게임이어서 상대방을 짓밟지 않으면 자신이 빈털터리가 되기 때문이다.

하지만 이것은 주식 투자의 왕도가 아니다. 자산 운용에 성공하기 위해 굳이 도박사가 될 필요는 없다.

2부

주식 투자 전에 반드시 알아야 할 것들

4장

주식,
대체 **무엇**인가

투자란 무엇인가

주식 투자는 주권을 매매하는 거래이다. 그런데 곤란하게도 주권에는 가격이 적혀 있지 않다. 그러면 누가 어떻게 주식 가격을 정하는 것일까? 주식이란 무엇인가? 그까짓 종이 한 장이 왜 가치가 있는가? 이런 소박한 질문에 대답하지 못하는 사람들이 의외로 많다.

"난 잘 알지."라고 대답하는 당신에게는 이렇게 묻겠다.

그러면, 투자란 무엇인가?

부동산이든 주식이든 일반적으로 "투자는 불로소득을 얻는 것"으로 인식된다. 그러나 돈이 당신 대신 매일 콩나물시루 같은 지하철에 시달리며 일터로 나가주는 것은 아니다. 그러면 도대체 누가 일을 하는가?

"그거야 뻔하지. 회사의 사장이나 직원들이 주주를 위해서 일하고 있잖아."라고 당신은 대답할지도 모른다. 교과서적인 이론으로는 그 말이 맞다. 하지만 '주주를 위해 일하고 있는' 사람이 대체 어디에 있다는 말인가?

자유로운 사회에서 노예계약을 강요받고 일하는 사람은 아무도 없다. 누구나 자신과 가족의 행복을 위해 일할 권리가 있다. 그런데 "나는 주주를 위해 밤낮으로 일하고 있습니다."라고 말하는 직장인이 있을 거라니 생각만 해도 낯이 화끈거린다.

상장 기업의 경영자가 주주의 이익을 생각하는 것은 당연한 일이다. 주가가 올라가면 주주뿐 아니라 경영자와 종업원 모두가 행복해지니까. 하지만 이는 모든 일이 잘 풀릴 때의 이야기이며 라이브도어 사건만 봐도 알겠지만 아무리 주주를 존중한다고 외친들, 마지막에는 모두 자신밖에 생각하지 않았다. 남을 위해 일하는 대장부는 비즈니스 세계에서는 존재하지 않는다.

그럼 왜 투자자는 불로소득을 얻는 것처럼 보일까? 고철을 황금으로 만드는 연금술사가 어딘가에 있다는 말인가?

셰익스피어는《베니스의 상인》에서 우리 마음속에 깔려 있는 고리대금업자와 투자자에 대한 편견을 그렸다. 사람들은 모두 "난 이렇게 힘들게 일하는데 당신은 가만히 앉아서 돈을 번다고? 용서할 수 없지!"라고 생각한다.

그러나 실상을 보면 그들도 일하고 있다. 무슨 일이냐고?

투자자의 일은 손실을 입는 것이다.

이것이 주식 투자를 이해하는 첫걸음이다.

주식회사의 탄생

　　타임머신을 타고 16세기 대항해시대의 네덜란드로 가보자. 그 시대에는 유럽의 배들이 세계 곳곳의 바다를 누비며 항로를 개척하고 무역을 했다.

　　어느 날 한 상인이 배를 건조하여 신대륙에서 향신료, 비단, 면 등의 교역품을 들여와 고국에서 팔면 큰돈을 벌 수 있음을 깨달았다. 이때, 만약 항해에 불안 요소가 아무것도 없다면 그 상인은 전 재산을 털어 배를 건조하는 데에 투자할 것이다. 자금이 부족하면 부모나 친척, 장인장모 등 친지들에게 돈을 빌리면 된다. 그래도 자금이 모자랄 수도 있지만 걱정할 것 없다. 선장과 승조원들이 앞다퉈 돈을 출자할 테니까. 틀림없이 돈을 벌 거라는 확신이 있는데 무슨 걱정이랴.

　　이처럼 반드시 이익이 나는 거래에는 제삼자가 개입할 여지가 없다. 더 알기 쉽게 말하면 이렇게 좋은 이야기는 당신한테까지 오지 않는다.

이 세상에는 "틀림없이 수익이 납니다."라는 말에 넘어가는 대장부가 적지 않지만 그 이야기는 대장부들이 돈을 지불하는 순간에 사기임이 밝혀진다. 만약 그게 정말이라면 본인이 투자해서 돈을 벌 것이 아닌가.

그런데 어느 날, 그 상인이 당신을 찾아와 "한번 해보시죠."라고 말했다. 왜냐하면 그 건은 수익이 날 수도 있지만 리스크가 수반되기 때문이다. 배가 풍랑을 만나 침몰하거나 해적의 공격을 받는다면 투자한 돈은 한 푼도 건질 수 없다. 그래서 상인은 자기와는 직접적인 관계가 없는 제삼자에게(즉 당신에게) 손실의 일부를 떠넘기자고 생각했다. "배가 무사히 돌아오면 출자액에 따라서 이익을 배분해드리지요."라는 조건으로.

그때 마침 당신은 약간의 여유자금을 갖고 있었다. 그 돈을 투자해볼까 생각했지만 문득 의문이 생겼다.

"배가 침몰하면 얼마나 손실을 봅니까?"

이익처럼 손실도 출자자에게 분배된다면 최악의 사태가 발생할 경우 당신은 파산할지도 모른다. "그렇다면 이거 무서워서 어디 출자하겠습니까?"라고 당신은 말할 것이다. 그러자 상인은 한발 양보했다.

"그럼 무슨 일이 발생할 경우, 손실은 출자금만큼만 분배되는 조건이라면 어떻겠습니까?"

이것이 주식회사의 기원이다.

주식이란 회사(배)의 소유권을 개별 판매한 것이다. 그러나 이 권리에는 큰 특전이 붙어 있다. 회사가 망해도 배가 풍랑으로 난파해도 그 어떤 불상사가 일어나도 주주는 출자액 이상의 돈을 변제할 필요는 없다.

이 '유한책임'이란 합의가 있기 때문에 모두 안심하고 주식을 살 수 있다. 손실은 한정적이고 이익은 (이론상으로는) 무한대라는 달콤한 이야기이다.

그리하여 가진 것은 아이디어와 야심밖에 없는 무일푼의 젊은이도 사업 자금을 모아서 시장이라는 드넓은 바다로 떠날 수 있게 되었다. 실패해도 손실은 주주가 부담해준다. 주식 시장은 손실을 넓고 얕게 분산시키기 위한 시스템이다.

그런데 여기에는 자본주의의 또 다른 비밀이 숨어 있다.

당신이 배 1척에 전 재산을 쏟아 붓지 않고 자산을 10등분하여 배 10척에 출자했다고 가정하자. 이러한 분산투자가 가능하게 된 것은 배의 소유권이 조금씩 개별 판매되기 때문이다. "이렇게 하면 배 한두 척이 침몰해도 어떻게 되겠지." 하고 당신은 안도의 숨을 내쉰다. 그러고 나서 이렇게 중얼거리지 않을까?

"어차피 손실이 나도 금액이 크지 않으니까 크게 한방 터뜨렸으면 좋겠군."

선장과 승조원들도 선주들의 그런 생각에 대찬성이다.

"어차피 목숨을 건 일이다. 좀 위험한 짓을 해서라도 대박만 나면 고국에서 평생 놀고먹을 수 있어."

주식회사라고 하면 흔히 '유한책임'이 강조되는데 가장 중요한 사실은 손실을 제한함으로써 모든 사람을 모험적으로 만든다는 점이다. 이렇게 해서 대항해시대의 뱃사람들은 7대양을 누비며 아무도 본 적 없는 '신대륙'으로 향했다.

이 모험을 경제학에서는 '이노베이션Innovation'이라고 칭한다. 주식회사, 곧 자본주의는 사람들을 혁신에 뛰어들게 만드는 시스템이다. 그렇기에 불과 400년 만에 과학기술을 급속히 발전시키고 인류의 경제 규모를 폭발적으로 확대하는 데 성공한 것이다.

민주주의와 자본주의의 차이

회사의 소유권은 주주총회 의결권과 이익분배권, 자산처분권을 합친 것이라 할 수 있다.

그중 이익분배권과 자산처분권은 이해하기 어렵지 않다. 어떤 회사의 주식을 1%를 갖고 있으며 세후 이익이 1억 엔이라고 가정하면 그 이익의 1%인 100만 엔이 당신의 몫이 된다. 또는 회사를 청산하게 되어 모든 비용을 지불한 후에 남은 자산이 1억 엔이라면 역시 1%인 100만 엔이 당신의 것이다. 일반인도 이해하기 쉬운 명료한 회계 이론이다.

하지만 의결권의 가치는 그보다는 이해하기 어렵다.

주주총회는 회사의 최고의결기관으로 한 나라의 국회에 비유할 수 있다. 다수결로 주주총의가 확정되기만 하면 자유자재로 사장이나 임원을 선임할 수 있고 회사를 합병하거나 망하게 할 수 있다. 법률상으로 회사는 주주의 소유물이므로 당연한 일이다.

다만, 민주주의와 자본주의의 규칙에는 차이점이 있다. 민주주의에서는 1인당 1표를 행사하지만 자본주의에서는 1주당 1표를 행사한다.

마이크로소프트의 창업자이며 세계 제일의 거부인 빌 게이츠와 뉴욕 지하철역이 보금자리인 노숙자는 정치적으로는 동등한 권리를 갖고 있다. 그러나 노숙자가 어쩌다가 마이크로소프트의 주식 1주를 갖고 있어도 빌 게이츠에 비하면 주주로서의 권리는 킹콩과 벌레만큼 차이가 난다. 같은 인간인데 말이다.

민주주의는 자산 규모에 관계없이 인간은 평등하다는 원칙하에 성립된다. 한편, 자본주의는 많은 주식을 가진 자가 가장 위대하다는 규칙으로 움직인다.

'시장과 국가의 대립'이란 말이 있지만, 꼭 무엇이 올바르다고 논할 수 있는 문제는 아니다.

자본주의란 누가 가장 효율적으로 돈을 버는지 경쟁하는 게임이다. 그러므로 다른 규칙의 잣대를 갖다 대면 이야기의 논점이 빗나가게 된다. "1주를 가진 주주도 같은 인간이니까 주주총회에서 빌 게이츠와 동등한 권리를 가져야 한다." 이런 식으로는 불평불만만 나올 뿐 제대로 된 경영을 할 수 없다.

기업에게 '사회 공헌'을 요구하는 것도 그렇다. 주식회사는 이익 창출을 유일한 목적으로 설립된 조직이며 그 사회적 책임은 가능한 한 큰 이익을 거두어 그에 따른 세금을 납부하는 것이다. 그 밖의 일은 자원봉사단체나 NGO가 하면 된다.

반면, 민주주의는 사람들의 생활 전반에 대한 규칙을 정하기 때문에 인종과 종교, 자산의 유무로 개인의 가치를 평가하는 것을 인정하지 않는다. 그러므로 빌 게이츠는 노숙자보다 훨씬 큰 권력을 갖고 있지만 인간으로서 그들은 동등한 위치에 있으며 그것이 옳다고 여겨진다.

M&A 펀드의 마법

　　주주총회의 의사결정은 1주당 1표를 행사하고 다수 결로 정해진다. 이 단순한 규칙이 주식 가치에 커다란 영향을 미친다. 의결권이란 관점에서 주식을 생각하면 주식 1주의 가치는 전체 주식에서 보면 아주 미미하고 주식을 독점하고 있는 오너 주주에게도 대수롭지 않은 비율이다. 그러나 보유주식수가 총 발행주식수의 50%에 근접할수록 점점 가치가 높아진다. 언뜻 들으면 꽤 기묘한 말이다. 전부 같은 주권이 아닌가?

　　구체적인 예를 들어 설명하겠다.

　　어떤 회사의 발행주식수가 100주인데 사장의 반대파가 그 회사의 주식을 1주 갖고 있다고 하자. 주주총회에서 반사장파의 비율(이를 점유율이라 한다)은 전체의 1%이며 2주를 추가 매수해도 점유율은 3%에 불과하기 때문에 큰 힘을 갖지 못한다(장부 열람 청구권 정도는 있다).

나머지 주식 99주는 그 회사의 사장이 갖고 있다. 그런데 구두쇠 사장이 자사주를 보너스 대용으로 활용하자는 생각이 떠올라 게으름뱅이 사원 5명에게 1주씩 전부 5주를 분배했다. 하지만 그래도 사장의 의결권은 99%에서 94%로 감소했을 뿐이니 경영상의 문제는 없다. 상법 조항을 보면 전체의 3분의 2, 즉 66.7% 이상을 보유한 주주는 전지전능한 존재이다. 주권으로 둔갑한 보너스를 받은 게으름뱅이 사원들은 "이런 종이 쪼가리는 화장실에서도 못 쓰겠네."라며 볼멘소리를 한다.

그런데 어느 날 사장이 바람을 핀 사실을 알고 분노한 사모님이 자신이 보유한 주식을 전부 매각했다. 그 결과, 반사장파의 보유주식이 46주, 사장과 게으름뱅이 사원들의 보유주식이 54주가 되었다. 이 순간, 모든 상황이 극적으로 바뀐다. 게으름뱅이 사원들의 5주가 갑자기 엄청난 가치를 지니게 된 것이다.

만약 그 주식이 반사장파의 손에 넘어가면 사장의 점유율은 49%로 하락하며, 그는 다음 주주총회에서 임원 자리에서 물러나게 된다. 사장은 모든 것을 잃을지도 모른다는 위기의식으로 전 재산을 던져서라도 사원들에게 주식을 돌려받아야겠다는 충동을 일으킬지도 모른다. 한편, 반사장파도 그 5주를 입수하면 판세를 역전시킬 수 있으므로 사장에게 지지 않을 만큼 좋은 조건을 제시할 것이다.

사장파와 반사장파의 대립으로 두 세력이 팽팽하게 맞서면서 게으름뱅이 사원들은 어느새 임원의 자리에 앉게 되었다. 그들이 반대하면 어떤 의제도 통과하지 못한다. 반대로 그들이 찬성하면 어떤 제안도 성립한다. 즉, 전체의 5%에 불과한 주식으로 회사 전체를 실질적으로 지배할 수 있게 된 것이다.

최근 종종 화제에 오르는 M&A 펀드•는 이런 특징을 무척 교묘하게 이용하고 있다.

주식 점유율을 1%에서 2%로 올릴 경우와 19%에서 20%로 올릴 경우는 같은 주식이라도 그 가치는 하늘과 땅만큼 차이가 난다. 넉넉한 자금만 있으면 특정 회사의 주식을 사들여서 의결권이라는 부가가치를 획득할 수 있기 때문이다. 주주 구성이 불안정한 회사가 적대적 매수자에게 20%의 주식을 빼앗기면 의사결정권은 제 기능을 잃는다고 봐야 한다. 라이브도어가 닛폰방송의 주식을 사들였을 때, 후지TV가 대응다운 대응을 하지 못했던 것만 봐도 알 수 있다.

하지만 여기에는 약간의 문제가 있다. 누군가가 주식을 마구잡이로 사들이고 있다는 사실이 알려지면, 그만큼 주가가 뛰어오르는 것이다(그만큼 높은 가격을 제시하는 사람이 있으니 당연한 일이다). 그런 사태를 피하려면 은밀히 주식을 사 모으는 수밖에 없다. 라이브도어가 이용한 시간외 거래는 그 전형적인 방법이며 그 밖에도 해외에서 설립한 여러 펀드에서 주식을 사들이게 하는 식으로 지금도 위법에 가까운 행위가 일어나고 있다.

• M&A 전문기관이 50인 미만의 소수 투자자들의 자금을 모아 M&A를 목적으로 주식에 투자할 수 있는 펀드. 기본적으로는 부실해진 기업을 인수해서 해당 회사의 여러 가지 부분을 잘 정리한 다음 관련 기업에 조금 더 비싼 가격에 인수합병을 시도해서 차익을 남긴다.

M&A 펀드는 코퍼레이트 거버넌스^{Corporate governance}(기업통치)가 불안정한 회사를 노리고 슬그머니 주식을 사서 모았다가 단숨에 임원진의 자리를 꿰차려 한다. 그들이 엄청난 돈을 벌 수 있는 것은 시장의 괴리를 이용하여 원래대로라면 높은 가치가 있는 의결권을 헐값에 입수하는 방법을 알기 때문이다.

여기에 또 하나, 주식 시장의 '마법'이 숨어 있다.

주가는 어떻게 **결정**되는가

주가는 어떻게 결정되는가? 사실 이 질문의 정답은 하나뿐이다. 주식 투자에 관해 각기 다른 이론을 신봉하는 사람들도 이 문제에 한해서만은 일치하는 정답을 외친다. 먼저 정답부터 살펴보자.

주식의 가치는 그 회사가 미래에 창출할 모든 이익을 현재가치로 환산한 것이다.

정말 대단한 정의이다. 복잡하기 짝이 없는 주식의 세계를 단 한 줄로 설명했으니 말이다. 그런데 사실 뭐가 그리 대단하다는 것일까?

당신이 한 회사의 주식을 100% 갖고 있다고 하면 그 회사의 이익은 영원히 당신의 것이다. 그 회사는 당신의 소유물이니까.

1) 주식은 기업의 소유권이다.

2) 기업은 존속하는 한 이익을 창출한다(적자를 낼 때도 있다).

3) 따라서 주식의 가치는 기업이 미래에 창출하는 이익의 총액이다.

여기까지는 무척 알기 쉽다. 그렇다면 중요한 점은 '현재가치'라는 것이다.

지금 내 앞에 있는 100만 엔과 먼 훗날의 100만 엔은 가치가 다르다. 이것은 누구나 직감적으로 이해할 수 있을 것이다. 큰돈을 100년 뒤에 받기로 약속을 했어도 그 무렵에 나는 이미 죽고 없을 테니 그때는 1억 엔이든 10억 엔이든 아무 의미가 없다. 이처럼 돈의 가치는 시간이 흐를수록 낮아진다.

이 점에서 주식의 가치를 계산하는 데 현재의 이익과 미래의 이익을 단순히 더하고 빼는 것만으로는 정답이 도출될 수 없다는 것을 알 수 있다. 정확한 가치를 알고 싶다면 현재의 돈은 크게, 미래의 돈은 작게 조정해야 한다. 이 비율을 '할인율'이라고 한다.

다시 한 번 주식의 법칙을 떠올려보자. 다음 두 가지의 정의를 결합한 것이었다.

1) 주식의 가치는 기업이 미래에 창출할 이익의 총액이다.
2) 그 이익은 일정한 할인율에 따라 현재가치로 환산되어야 한다.

즉, 주식의 가치를 알기 위해 필요한 정보는 딱 두 가지이다. 미래의 이익과 할인율이다.

이점을 잘 알면 '재무이론'의 절반은 이해한 것이다.

채권 투자는
금리를 예상하는 게임

주식과 더불어 대표적인 금융상품으로 채권이 있다. "여기 100만 엔을 빌려가지요. 대신 1년 뒤에 10%의 이익을 붙여 돌려드리겠습니다."라는 계약을 기재한 증서가 채권이다. 채권은 개인(주택융자나 소비자금융)을 비롯해 회사(회사채), 지방자치단체(지방채), 특수법인(정부기관채), 국가(국채) 등 다양한 곳에서 발행된다.

'금융상품'이라 하면 왠지 고상하게 들리지만 그 속을 파고 들어가면 주식과 채권, 이 두 가지밖에 없다.

대차대조표는 기업의 재무 내용을 '자산'과 '자금조달(재무상태)'로 표시하는 대단히 훌륭한 보고서이다. 자금조달이란 간단히 말해서 돈을 모으는 것을 말하며 세부적으로는 '부채'와 '자본'으로 구분된다. 회사는 부채와 자본으로 사업에 필요한 자금을 조달하고 그것을 자산이라는 상자에 투입하여 이익을 토해내는 장난감 같은 존재이다. 이때 부채로 조달하는 것이 채권이고 자본을 이용하는 것이 주식이다.

은행 예금이나 우체국 예금은 금융기관이 개인에게 돈을 빌린 셈이므로 이것도 채권의 일종이다. 최근에는 스톡옵션(자사주를 구매할 권리를 종업원에게 부여하는 제도)을 이용하는 회사가 늘어났는데 이것은 인건비의 일부를 주식으로 지급하는 수단이다. 이처럼 대부분의 금융상품은 주식이나 채권(또는 이들의 파생상품)으로 분류할 수 있다. 유일하게 약간 다른 것이 보험 상품이다. 이것은 보험회사가 물주가 되어 상대가 불운(병이나 부상 등)에 맞닥뜨리면 상금이 지급되는 복권을 판매하는 상품이다.

자, 이제 당신이 원금 10만 엔으로 10년 동안 매년 1만 엔을 배당받는 채권을 보유하고 있다고 하자. 원금은 10년째에 변제된다고 하면, 이 채권의 가치는 얼마일까? 이것이 문제다.

10년 동안 받는 배당금 총액은 10만 엔(배당금 1만 엔×10년)이므로 이 돈에 원금 10만 엔을 더한 금액인 20만 엔이 채권의 가치일까? 이제 이런 속임수에는 걸려들지 않을 것이다. 당신은 1년째에 받는 1만 엔과 10년째에 받는 1만 엔은 가치가 전혀 다르다는 사실을 잘 알고 있으니 말이다. 이것을 '미래가치를 현재가치로 할인한다'고 하는데 그 방법은 전혀 어렵지 않다. 앞에서 나온 복리 계산을 반대로 하면 된다.

1만 엔을 연이율 10%의 복리로 운용하면 10년 뒤에는 약 2만 6,000엔이 된다. 이 계산을 역순으로, 10년째에 1만 엔이 되려면 지금 얼마가 필요한지 생각한다. 이야기가 복잡해지니까 공식은 생략하자. 3,855엔을 연이율 10%로 예금하면 10년 뒤에는 1만 엔이 된다. 따라서 연이율 10%로 돈을 운용해주는 정기예금이 있다고 할 때, 10년 뒤의 1만 엔의 현재가치는 약 4,000엔 정도이다.

이처럼 현재가치는 금리(할인율)에 따라 변동한다. 예를 들면 연이율 1%인 경우, 10년 뒤의 1만 엔의 현재가치는 9,053엔이다. 연이율이 0.001%라면 9,999엔을 맡기면 10년 뒤에 1만 엔이 된다.

그러므로 다음과 같은 사실을 알 수 있다.

현재가치는 할인율이 높을수록 낮아지며 할인율이 낮을수록 높아진다.

이것이 다양한 금융상품의 가치를 결정하는 핵심 사항이니 머릿속에 꼭 집어넣기 바란다.

그런데 당신이 가진 채권은 10년 동안 매년 1만 엔의 배당금이 지급된다고 했다. 그렇다면 남은 9년 동안 매년 지급받는 배당금을 현재가치로 할인해야 한다. 여기서도 귀찮은 공식은 생략하겠다. 할인율을 10%라고 하면, 1년째는 9,091엔, 2년째는 8,264엔……. 이런 식으로 현재가치를 계산할 수 있다.

그리고 마지막으로 1년째에서 10년째까지의 모든 배당금(1만 엔)의 현재가치를 더해보면 6만 1,446엔이 된다. 여기에 10년 뒤에 상환될 원금 10만 엔의 현재가치인 3만 8,554엔을 더한 금액 10만 엔이, 연이율 10%로 할인했을 때의 이 채권의 적정가격이다.

이렇게 모든 채권은 할인율이 정해지면 자동적으로 가치가 정해진다. 즉, 채권 투자란 금리(할인율)를 예상하는 게임이다.

한 가지 덧붙이자면 채권 가격은 발행처의 신용도에 따라서 크게 영향을 받는다. 이 신용도를 조사하여 등급을 매긴 것이 신용평가기관이다. 예를 들면 AAA 등급에서 BBB 등급까지가 '투자적격 등급', BB 등급 이하는 '투자부적격 등급'으로 정해져 있다. 신용도는 채권 시장에서 이율에 반영된다. 국채 이율이 1%이고 한 회사가 발행한 채권의 이율이 3%라고 하면, 국채보다 신용도가 2% 낮은(3%-1%) 점을 리스크 분으로 감안해 그만큼 이율이 높게 책정된 것이다.

주식 투자는 미래의 이익을 예상하는 게임

앞에서 주식이 의결권과 이익분배권(+자산처분권)을 결합시킨 것이라고 말했다.

그중 주식의결권은, 그 자체는 무척 중요하지만 기업의 의사결정에 영향을 미칠 정도의 주식을 보유하지 않는 일반 투자자(즉 우리 같은 사람들)와는 거의 상관이 없다. 그러니 여기서는 주식 투자란 이익분배권을 매매하는 것이라고 정의할 수 있다.

회사의 '이익'이란 무엇일까? 사실은 이것도 엄밀한 규정이 있다. 이익은 회사가 벌어들인 수입(매출)에서 지출해야 하는 모든 경비를 제하고 나서도 남은 돈을 말한다. 경비에는 매입대금이나 직원 인건비, 차입금 변제, 세금 등이 포함된다. 그 회사의 채권을 산 투자자가 있다고 가정하면, 주주보다 그들에게 우선적으로 이자가 지급된다.

법률상으로 회사는 주주의 소유물이지만 현실에서 주주의 힘은 그렇게 강하지 않다. "직원들 월급부터 주지 말고 나한테 그 돈을 먼저

줘."라거나 "세금은 그냥 떼어먹어."라는 식으로 아무 요구나 할 수 있는 것은 아니다.

회사의 이익은 그 회사의 노력뿐 아니라 그때그때의 경기나 히트 상품, 경쟁사의 동향 등 갖가지 요인에 따라서 변동한다. 모든 경비를 지불했더니 이익이 전혀 남지 않는 해(즉 적자)도 있고 엄청난 이익을 거두는 해도 있을 것이다. 이렇게 배당금이 얼마가 되는가는 결산 때가 되어봐야 안다. 그러므로 주주는 남은 음식밖에 먹지 못한다.

1주당 10만 엔으로 100주의 주식을 발행한 회사가 1년 만에 100만 엔의 이익을 올렸다고 하자. 주당이익^{EPS:Earings Per Share} ●은 1만 엔(100만 엔/100주), 투자 금액(주가)에 대한 이윤은 10%(1만 엔/10만 엔)이다. 이 이야기, 어디서 들어본 적은 없는지? 그렇다, 바로 앞에서 나온 1년에 10%의 이자가 붙는 채권과 비슷하다.

이익분배권이란 측면만 보자면 주식은 상환기간이 없고 배당금이 변동하는 일종의 채권이라고 생각할 수 있다. 그러면 영원히 배당금이 나오는 채권이 있다고 가정하면(이를 '영구채'라고 하자) 그 가격은 어떤 식으로 결정될까?

얼핏 복잡해보이지만 실상은 아주 단순하다. 영구채≒주식의 가격은 배당과 할인율만 정해지면 즉시 계산할 수 있다. 다시 말해,

주식의 이론적 가격 = 주당이익 / 할인율

주당이익이 1만 엔이고 할인율이 10%라면, 주식의 이론적인 가격

● 당기순이익을 발행주식수로 나눈 수치.

은 10만 엔이 된다(1만 엔/10%). 기하급수의 합의 공식에 대입하기 때문인데 여기서 굳이 그 원리를 외울 필요는 없다. 주가는 주당이익과 할인율, 이 두 가지 요소로 결정된다. 이 아름답기까지 한 단순함이 놀랍지 않은가?

지금까지 한 이야기를 정리해보자.

1) 주당이익이 커지면 주가가 높아지고, 적어지면 주가는 낮아진다.
2) 할인율이 적으면 주가는 높아지고, 커지면 주가는 낮아진다.

그런데 일반적으로 주식 투자에서는 할인율보다 주당이익 변동이 주가에 더 큰 영향을 미친다. 채권 투자는 금리를 예상하는 게임인 반면 주식 투자는 주당이익을 예상하는 게임이기 때문이다.

이 점을 잘 알면 당신은 이미 '금융의 프로'이다.

설명을 덧붙이자면 이를 '배당자본환원모형Dividend Capitalization Model이라고 한다. 그러나 현실적으로 회사는 이익을 주주에게 분배하기도 하지만 분배하지 않고 그 자금을 신규 사업에 투자하기도 하기 때문에, 지금은 주당이익을 계산하는 게 일반적이다.

주가를 주당이익으로 나눈 것이 주가수익비율PER:Price Earning Ratio이다. 주당이익이 10만 엔, 주가가 100만 엔이라면 주가수익비율은 10배(100만 엔/10만 엔)이다. 이 숫자는 이율(10%)의 역수이다. 주가가 저평가되었는지 고평가되었는지 판단할 때는 주가수익비율이 주된 기준이 되며, "미국 기업의 평균적인 주가수익비율은 15~20배인데 비해, 일본 시장의 평균 주가수익비율은 25배 이상이다. 그것은 명백한 거품이라는 증거다."라는 식으로 말한다.

이런 용어는 주식 투자에서 기본이니 어느 정도는 알아두는 게 좋다.

5장

주식으로 부를 창조하는 방법

신의 투자술

오마하의 현인

워런 버핏은 세계에서 가장 존경받는 투자자이다. 그는 컬럼비아 대학에서 투자 이론의 선구자인 벤저민 그레이엄^{Benjamin Graham}●의 가르침을 받은 뒤, 25세가 된 1956년에 고향인 네브래스카 오마하로 돌아와 가족과 친구들에게 자금을 빌려 작은 투자 회사를 차렸다. 그때 그가 출자한 금액은 고작 100달러였다. 현재 자산은 420억 달러라고 하니, 초기 투자액 100달러를 반세기 만에 4억 2,000배나 불린 것이다! 그는 오직 투자로 이 막대한 자산을 이룩했다.

버핏이 인기를 끄는 비결은 지적이면서도 소박하고 과묵한 그의 성품에 있다. 그는 뉴욕에서 청년 시절을 보내고 고향으로 돌아온 후, 월가에서 멀리 떨어진 시골에 눌러앉은 채 '금융의 프로'들이 떼로 몰려와도 대적할 수 없는 경이로운 투자 실적을 혼자서 실현했다. '오마하의 현인'은 미국인이 이상적으로 여기는 '좀 깐깐하지만 근본은 친절한 시골의 부자 아저씨' 그 자체였다.

그가 투자자들의 사랑을 한몸에 받는 이유 중 하나는 그의 투자법이 무척 알기 쉽기 때문이다. 그는 자신이 이끄는 투자회사 버크셔 해서웨이 Berkshire Hathaway ●●의 연말보고서에 자신의 투자론과 시장분석에 대해 상세하게 기술하여 공개하고 있다. 주주와 팬들은 매년 이 보고서를 경전처럼 열독하고 있다.

그의 투자법을 간단히 말하면 재무제표 등에서 기업의 본질적인 가치(이론가치)를 추정하고 현재 주가가 이론가치보다 훨씬 낮으면 대량으로 매수한 다음, 시장이 자신의 과오를 알아차리고 주가가 올라가기를 기다리는 것이다. 이를 일반적으로 장기투자라고 하는데 버핏은 그 중에서도 개별주에 집중적으로 투자하고 있으며, 보유 종목은 최대 10개를 넘지 않는다.

그의 첫 승리는 32세가 되던 해에 찾아왔다. 대형 카드회사인 아메리칸 익스프레스사의 주가가 거래처의 스캔들로 인해 65달러에서 35달러로 반 토막이 난 것이다. 버핏은 이 스캔들이 그 기업의 주요 업무인 카드 사업 같은 일에는 영향을 주지 않을 거라고 확신했다. 그는 당시 운용 자산의 40%인 1,300만 달러를 투자하여 그 회사의 주식의 약 5%를 취득했다. 2년 동안 그 회사의 주가는 3배로 올랐고 버

● 1894~1976년. 증권사의 심부름꾼으로 시작해 대형 펀드의 책임자와 CEO가 되기까지 42년을 월가에서 보낸 인물이다. 워런 버핏의 스승이자 현대적인 증권 분석의 창시자로 불린다.

●● 미국 네브래스카 오마하에 본사를 둔 지주회사. 워런 버핏은 1965년 35세가 되던 해에 버크셔 해서웨이 방직회사를 사들였고 1967년에는 소형 보험회사 2개를 병합하여, 현재 세계 최고의 투자 회사인 버크셔 해서웨이로 거듭나게 했다.

핏은 2,000만 달러의 순이익을 얻었다.

그는 그 후 종목 선별과 장기 보유의 원칙을 철저히 지켰으며 그 것을 '포커스 투자전략 Focus Investment'이라고 명명했다. 그가 보유한 종 목들은 '버핏의 포트폴리오'로 불리며 유명해졌다. 워싱턴 포스트(신 문), 코카콜라(음료)를 비롯해 아메리칸 익스프레스(카드), 월트 디즈 니(미디어 엔터테이먼트), 질레트(면도칼), 웰즈파고(은행) 등 그가 '영 구 보유'하겠다고 밝힌 종목들은 하나 같이 그의 기준에 부합하는 견 실한 경영으로 알려진 기업들이다.

다케다 와헤이의 투자 원칙

2004년, 닛케이 평균 8,000엔 대가 무너지고 온 세상이 비관에 젖 었을 무렵부터 증권업계에서 기묘한 소문이 흘러나왔다. 중소기업들 의 주요 주주 명부에 한 개인 투자자의 이름이 눈에 띄는데 아무도 그의 정체를 모른다는 것이다. 어느새 '다케다 와헤이竹田 和平'는 100 개가 넘는 상장 회사의 대주주로 이름을 날리게 되었다.

다케다 와헤이는 제2차 세계대전이 끝난 후, 아버지와 과자제조업 을 시작해 다마고보로 같은 히트 상품을 출시해 성공을 거두었다. 그 렇게 본업에 종사하면서 틈틈이 주식 투자를 하여 한때는 야마이치 증권의 개인 투자자 중에서 가장 많은 주식을 보유하기도 했다. 그 러나 1997년에 금융위기로 야마이치증권이 도산하자 그는 이전까지

고수해온 '대마불사大馬不死'라는 종목 선정의 원칙을 버리고 철저하게 저평가주 투자로 방침을 바꾸었다.

다케다의 투자법도 아주 단순하다. 회사의 가치에 비해 헐값에 방치되어 있는 종목을 찾는 것뿐이다. 물론 증권사 직원의 충고를 듣지도 않고 애널리스트의 보고서도 읽지 않는다. 그가 가장 중요시하는 것은 회사의 재무 내용 중에서도 주주자본비율과 배당성향 그리고 배당이율이다. 이익이 났을 때 주주에게 꼬박꼬박 배당금을 지급하고 주주자본(자본금)을 차곡차곡 쌓아가는 '제대로 된 회사' 말고는 쳐다보지도 않는다. 그리고 일단 선택한 주식 종목은 그 회사의 경영 방침이 변하지 않는 한 영원히 팔지 않는다. 이런 장기투자를 그는 '주인의 길'이라고 일컫는다.

투자이론상에서는 이익을 배당하지 않고 재투자하는 것이 유리하다고 인식된다. 법인세를 납부한 뒤의 당기순이익이 기업의 배당금 자원이 되는데, 개인이 배당을 받으면 추가적으로 배당금에 세금이 징수된다. 이것은 명백한 이중과세로 종종 문제시되어 왔지만 배당세율이 다소 인하되었을 뿐 없어질 기미가 보이지 않는다. "주식 배당을 받는 것은 자산가라는 말이니까 다소 세금을 떼어도 아무 문제 없겠지."라는 국가의 생각이 우선시되는 것이다. 그 때문에 버핏도 기업에 충분한 투자 기회가 있을 경우에는 배당하지 않고 자본금으로 적립하는 것을 최상의 선택지로 생각한다(하지만 유리한 투자 기회가 없는데 이익을 끌어안고만 있는 것은 주주에 대한 배신이라고 여긴다).

다케다 와헤이의 투자법은 지적이면서 합리적인 버핏에 비하면 다소 감정적이다. 다케다는 배당을 경영자가 주주에게 감사를 표하는 상징으로 해석하며, 최소한의 예의도 지키지 않는 회사에는 투자할 가치가 없다고 생각한다(따라서 배당금을 받으면 매번 경영자에게 감사장을 직접 써서 보낸다고 한다).

그렇지만 두 사람의 투자법에는 공통점이 많다. 둘 다 기업의 본질적인 가치를 꿰뚫어보고 저평가된 종목에 투자하여 장기 보유하는 방법으로 거대한 부를 창출했다. 이런 기법을 일반적으로 '펀더멘털Fundamental 투자'• 라고 한다.

• 특정 기업의 내·외부 정보 및 시장 상황, 경기 변동 요인과 같은 정상적인 정보에 따라 투자하는 투자 방법.

펀더멘털파와 기술적 분석파

중세 스콜라 철학에서는 실재론Realism, 즉 이데아론과 유명론Nominalism이 대립하며 '보편논쟁'이 벌어졌다. 그리스 철학자 플라톤의 사상을 계승해 모든 현상의 배후에는 본질(즉 이데아)이 존재한다는 것이 실재론인 반면, 그런 본질은 존재하지 않으며 단지 각 사물의 배후에 현상이 있을 뿐이라고 하는 것이 유명론이다. 이 대립을 주식 투자에 적용하면 펀더멘털파는 실재론자, 기술적 분석파는 유명론자라 할 수 있다.

기술적 분석 투자의 대원칙은 "모든 정보는 차트에 있다."는 것이다. 그 순간에 성립된 가격이 전부이며 그 이외에 '본질적인 가치' 따위는 있을 수 없다. 반면 펀더멘털파는 기업에는 고유의 본질적인 가치(펀더멘털)가 있으며, 그 가치를 기반으로 합리적인 방법으로 적정 주가(이론 주가)를 도출할 수 있다고 생각한다. 실재론과 유명론의 대립은 서양 철학의 근간을 이루는 중요한 문제로, 20세기 말의 포스트

모던 논쟁에까지 이어져 아직도 합의가 도출되지 않았다. 주식 투자 시장에서도 펀더멘털파와 기술적 분석파는 언제 끝날지 모르는 논쟁을 거듭하고 있다.

펀더멘털파의 주장처럼 기업의 본질적 가치를 정의하는 것은 가능하다. 앞서 말했듯이 기업의 가치는 '기업이 미래에 창출할 모든 이익을 현재가치로 환산한 금액'이다. 참으로 명쾌한 정의이다. 주식회사는 돈을 벌기 위한 도구이고 주식은 그 소유권을 개별 판매한 것이므로, 주식의 가치는 회사의 이익에서만 생긴다. 그 이외의 요소가 개입할 여지가 없다는 의미에서, 이 정의는 완벽하다.

그렇다면 왜 기술적 분석파의 유명론적 해석이 지금도 지지를 받고 있을까?

미래의 이익을 예측하는 것과 현재가치를 도출하기 위한 적정 할인율을 정하는 것이 너무 어렵기 때문이다. 모두 우리가 미래를 예측하는 능력을 갖고 있지 않기 때문이겠지만 여기서는 미래의 이익에 한정지어 이야기해보자.

기업이 창출할 미래의 이익 총액을 알 수 있다면 주식의 본질적인 가치를 판단할 수 있다. 여기까지는 기술적 분석파도 동의할 것이다. 그러나 곧바로 이렇게 반론하지 않을까?

"내일 일어날 일도 모르는데 어떻게 먼 미래의 일을 알 수 있다는 말인가?"

그 반론에 대해 펀더멘털파는 이렇게 대답할 것이다.

"기업의 재무제표(대차대조표, 손익계산서 등)를 분석하고 연말보고서(유가증권보고서)를 차분히 읽고, 경쟁사를 조사하여 사업 내용과 성장 가능성을 파악하면 자연스럽게 기업의 본질적 가치가 보이기 시작한다."

실제로 워런 버핏은 이와 같은 방법대로 하고 있다. 증권사 경영자의 손자인 버핏이 처음으로 주식을 산 것은 11세 때였으며, 그 무렵부터 상장기업의 두툼한 연간보고서Annual Report를 즐겨 읽었다고 한다. 그때 시작한 기업 조사를 그는 50년 이상이 지난 지금도 계속하고 있다. 놀라운 근면함이다.

조와 록키를 찾아내는 방법

개별주를 장기 보유하는 것이 '투자의 왕도'라고 불리는 이유는 매우 알기 쉽다.

버핏식 투자의 진수는 높은 수익력이 있지만 시장에서 버림받아 저평가된 종목을 찾아내어 다시 빛을 발하게 하는 데에 있다.

마치 고아로 소년원에서 자란 반항아가 왕년의 권투 선수였던 천재 트레이너를 알게 되어 함께 세계 챔피언이 되기 위해 노력하는 내용으로 잘 알려진 만화 〈내일의 조〉•와 어딘지 비슷하지 않은가?

"좋은 회사의 주식을 길게 갖고 있자."는 투자법은 어느 시대에나 인기를 끌고 있는데, 그 배경에는 우리의 가슴을 울리는 이야기가 깔려 있다.

버핏과 그의 추종자들이 주식의 장기 보유를 권유하는 가장 큰 이유는, 제대로 된 회사의 주가는 장기적으로는 반드시 올라간다는 것을 알기 때문이다.

우리의 인생과 마찬가지로 어떤 회사이든지 성장의 과정에서는 여러 번의 굴곡이 있지만 마지막에는 올바른 회사가 승리하게 되어 있다. 주식 투자란 주주와 소비자의 기대에 부응하는 회사, 존경할 수 있는 경영자와 함께 자신이 성장하는 과정이다. 인간으로서, 그리고 자산가로서.

이 아름다운 이야기는 이론적인 근거도 갖추고 있다. 여러 연구자들이 기업의 이익과 주가의 관계를 장기적으로 조사한 결과, 투자자의 기대에 따라서 때로는 주가가 급등락을 반복하지만 최종적으로는 이익을 낸다는 사실이 밝혀졌다.

그러면 어떻게 불운한 환경에 둘러싸인 조나 록키를 발굴할 수 있을까? 버핏 같은 재능과 근면함과 행운이 없으면 불가능한 일이 아닌가?

버핏은 이 물음에 대해서는 "안심하라. 내가 한 일은 여러분도 할 수 있다."고 대답했다. 그는 자신의 노하우를 기회가 날 때마다 아낌없이 공개한다.

버핏의 투자 철학에 대한 연구서는 셀 수 없이 많지만 여기서는 자신도 투자자이며 버핏과 깊은 친교를 맺고 있는 로버트 해그스트롬 Robert Hagstrom 이 정리한 '워런 버핏의 투자 원칙'●●을 살펴보자.

● 한국에서는 〈도전자 허리케인〉이란 제목으로 소개되었다.
● 한국에서는 《워런 버핏의 완벽투자기법 The Warren Buffett Way》으로 번역 출판된 책에 관련 내용이 소개되어 있다.

기업 요소

그 사업은 간단명료하고 이해하기 쉬운가?

안정적인 실적을 낸 기록이 있는가?

장기적인 전망이 밝은가?

경영 요소

경영진이 합리적인가?

주주에게 정직하고 성실한가?

제도적 관행에 도전할 용기가 있는가?

재무 요소

주당이익이 아닌 주주자본이익률[ROE]을 중시하라.

'주주순익'을 계산하라.

매출액 순이익률이 높은 기업을 찾아라.

유보자산 1달러당 적어도 1달러의 비율로 주가에 반영되어 있는지 확인하라.

시장 요소

기업의 내재가치를 평가하라.

기업의 내재가치보다 대폭 할인된 가격으로 주식을 구매할 수 있는가?

이 간단한 리스트를 실천하기만 하면 당신도 버핏 같은 부를 축적할 수 있다. '제대로 된 삶과 커다란 꿈'이야말로 펀더멘털 투자의 가장 큰 매력이다.

'워런 버핏의 투자 원칙'은 무척 단순하지만 '재무에 관한 지침'은 이해하기 어려운 측면이 있으니 설명을 보충하겠다.

1) 주당이익이 아닌 주주자본이익률을 중시하라.

전년도의 이익을 자본금에 넣으면 주당이익은 당연히 올라간다. 그러므로 경영자의 업적을 평가하려면 주주자본에 대한 이익률에 주목해야 한다. 그것이야말로 주어진 자본으로 경영자가 무엇을 창출할지를 간파하는 최선의 방법이다.

2) '주주순익'을 계산하라.

기업의 재무 내용을 파악할 때, 현금흐름은 무척 중요한 요소이다. 그러나 순이익에 감가·감손상각비를 더한 회계상의 현금흐름으로는, 기업의 순이익과 상각비를 더한 금액(회계상의 현금흐름)에서 자본지출(투자액)과 운전자금을 더한 금액을 뺀 '오너 이익(잉여현금흐름Free Cash Flow)'에 주목해야 한다.

3) 매출액 순이익률이 높은 기업을 찾아라.

매출로 이익을 내는 기업은 항상 비용절감을 실천하고 있다. 매출과 함께 비용도 상승하는 회사의 경영자는 무능한 사람이다.

4) 유보자산 1달러당 적어도 1달러의 비율로 주가에 반영되어 있는지 확인하라.

기업이 이익을 배당하지 않고 내부에 보류했을 경우는, 그에 부합되는 투자가 실행되어야 한다. 즉, 1달러를 내부유보하여 운용 자금으로 돌리면, 적어도 1달러만큼의 주가라도 상승해야 한다. 그렇게 하지 못하는 경영자는 주주의 이익을 맡아서 경영할 자격이 없다.

투자의 예외 없는 법칙

펀더멘털파(실재론)와 기술적 분석파(유명론)의 대립은 근본적인 문제여서 얼핏 합의점이 없어 보인다. 하지만 찬찬히 살펴보면 양자는 미묘하게 서로 연결되어 있다.

펀더멘털파가 시장에서 저평가된 종목을 얻을 수 있는 것은 시장 참가자들 다수가 그 기업의 '본질적 가치'를 깨닫지 못했기 때문이다. 뒤집어 말하면 시장에 펀더멘털 투자자밖에 없다면 어떤 종목도 저평가되지 않을 테니 투자 기회는 영원히 찾아오지 않는다. 이렇게 펀더멘털파가 옳다는 것을 모든 사람이 인정하는 순간, 펀더멘털 투자자는 멸종될 것이다.

한편, 기술적 분석 투자는 시장 참가자의 기대를 예측하는 게임이다. 주가가 변동하려면 어떠한 요인이 생겨서 참가자의 기대가 변해야 한다. 기대치 변동에 가장 크게 영향을 미치는 요소는 원칙적으로 기업의 수익 예측(과 거기서 나오는 본질적 가치)뿐이다.

이렇게 펀더멘털파와 기술적 분석파는 견원지간으로 보이지만 사실은 상호의존적인 관계이다. 기업의 '본질적 가치'를 무시하고 매매하는 기술적 분석파가 없다면 펀더멘털파의 투자는 성립하지 않으며 기업의 수익 예측에 따라 주가가 움직이지 않으면 기술적 분석파는 게임을 시작할 수 없다.

양자가 닮은 점은 그뿐만이 아니다.

주식 투자가 우연의 게임이라고 전제한다면 '반드시 이익을 내는 차트 분석' 따위는 전부 사기이다. 마찬가지로 '확실하게 이익을 내는 장기투자법'이라는 것도 이 세상에는 존재하지 않는다. 버핏이 '기업의 가치보다 대폭 할인된 가격'에 집중하는 것은 주식 투자가 우연의 게임이란 사실을 알고 있기 때문이다. 주가가 낮으면 낮을수록 내기에서 이길 확률은 높아진다. 그것이 게임을 유리하게 이끌어가는 유일한 방법이다.

이처럼 트레이더이든 장기투자자이든 간에 주식 시장에서 성공하는 투자자는 모두 똑같은 일을 하고 있다. 부를 창조하려면 다른 사람보다 먼저 시장의 괴리를 발견해야 한다. 사업에서건 투자에서건 이 원칙에는 예외가 없다. 왜냐하면 그것이 자본주의이기 때문이다.

투자의 신에게
자산 운용을 부탁하다

'투자의 신' 워런 버핏은 "당신도 나와 같은 일을 할 수 있다."고 끊임없이 우리를 격려한다. 그 말을 믿고 주식 시장이라는 거친 바다에 노를 저어가고 싶지만 그래도 좀 자신이 없다. 그럴 때는 어떻게 하면 좋을까?

투자의 왕도를 걷고 싶다면 재무 분석을 기초부터 공부해 기업의 재무제표를 읽고 "이 주식은 저평가되었군!"이라고 확신이 들 때까지 참을성 있게 기다려야 한다. 하지만 이것은 말처럼 쉽지 않다. 특히 주가가 상승하는 국면에서는 다른 사람은 실컷 이익을 내고 있는데 나만 뒤처진 것 같은 기분이 든다.

누가 생각해도 가장 좋은 방법은 아예 워런 버핏에게 자금을 맡기는 것이다.

그의 위대한 점은 자신의 투자운용회사인 버크셔 해서웨이(원래는 방직회사였지만 그 사업은 정리했고, 지금은 투자 부문만 남았다)를 상장하여 '워런 버핏의 투자 원칙'을 믿는 모든 투자자에게 자산 운용의 기회를 개방하고 있는 것이다. 그리고 더욱 위대한 점은 지금까지 주주의 기대를 배신하지 않고 시장 평균을 훨씬 웃도는 실적으로 사람들을 풍요롭게 만들어준 것이다. 버핏을 믿고 전 재산을 버크셔 해서웨이에 투척하기로 결단을 내린 사람들에게는 커다란 결실이 되돌아왔다.

그러나 '세계 제일의 투자자에게 자산 운용을 맡기자.'는 이 매력적인 아이디어에도 약간의 불안 요소가 있다. 하나는 1930년생인 버핏이 일선에서 물러날 시기가 다가온 점이다. 버핏 아저씨가 영원히 사람들의 돈을 맡아줄 수는 없는 노릇이다. 또 하나는 버핏이 너무 유명해진 탓에, 수익력이란 관점에서 보았을 때 버크셔 해서웨이의 주가가 지나치게 높다는 점이다. 역설적이게도 버크셔 해서웨이는 저평가주 투자자인 워런 버핏이라면 절대로 투자하지 않을 종목이다.

그러므로 보통 사람은 이렇게 생각한다.

"난 할 수 없으니까 전문가에게 배우면 되겠군."

이것은 어떤 의미에서 정석이다. 병이 나면 의사를 찾아가 물어본다. 내가 직접 집을 지을 수 없으니까 건축가에게 의뢰한다. 텔레비전을 만들 수 없으니까 가전제품 매장에 사러 간다. 시장경제는 이렇게 분업으로 이루어져 있다. 주식 투자도 그렇게 하면 되지 않을까?

하지만 주식 투자는 이 방법으로는 잘 되지 않는다.

참고로 버크셔 해서웨이는 뉴욕 시장에 상장된 회사로 주식코드는 'ARK-A'이다. 1995년에 이 회사에 투자했다면 10년 동안 자산이 4배로 늘어나는 놀라운 실적을 거두었을 것이다. 버핏이 주식 분할을 싫어하는 덕분에 2006년 2월의 주당 가격은 약 9만 달러였다.•

• 2011년 8월 16일 기준, 이 회사의 주가는 10만 7,839달러로 올라갔다.

PQ가 **낮은** 사람들

　　금융업계는 주식 평론가나 투자 컨설턴트, 애널리스트 등 투자자에게 '이익을 내는 정보'를 제공한다는 사람들로 넘쳐난다. 주식 평론가는 '주식으로 대박 나는' 책을 쓰거나 강연을 해서 먹고사는 자영업자이다. 투자 컨설턴트란 투자자로부터 돈을 받고 투자에 관한 조언을 하는 사람이다. 애널리스트는 금융기관(증권사)의 직원으로서 고객에게 투자 정보를 제공한다. 이렇게 이들이 수입을 얻는 방법은 다르지만 하는 일은 똑같으니, 여기서는 애널리스트를 그들의 대표로 뽑아서 이야기를 진행하자.

　　애널리스트가 주식 시장에서 없어서는 안 되는 존재인 것에는 이견이 없다. 그들은 방대한 재무제표를 분석하고 경영자를 인터뷰하며 공장이나 점포, 때로는 창고에까지 찾아가 검증한다. 그런 뒤 고급 재무이론을 구사하며 델포이 신탁을 방불케 하는 '추천 종목'을 엄숙하게 선언한다. 상장 기업의 사장과 면식도 없고 증권 분석에 관한 전문적인 지식도 없는 초보자들도 그 말씀을 믿고 주식 시장에 투자할 수 있다.

얼핏 생각하면 애널리스트가 하는 일은 워런 버핏의 투자법과 흡사하다. 기업 정보를 수집하여 펀더멘털을 분석하고 미래의 수익을 예측하여 본질적인 기업 가치를 산출한다. 그렇다는 것은 금융업계에는 워런 버핏이 애널리스트의 수만큼 있다는 말이다. 이것 참 대단한 일이다.

그런데 신기하게도 워런 버핏이 가장 싫어하는 사람들이 이른바 '금융의 프로'들이다. 그가 고향인 오마하에 은거하며 월가에 발을 들이지 않는 데에는 맞춤양복으로 빼입은 거만한 애널리스트들과 마주치고 싶지 않다는 이유도 있다. 그들이 자신의 반경 100킬로미터 안에 있다는 생각만 해도 위장에서 신물이 올라오는 게 아닐까?

버핏이 애널리스트를 싫어하는 이유는 그들이 투자자에게 손해를 입히기 때문이다. 왜냐하면 그들의 예측은 전혀 맞지 않으니까.

경제학의 최고 권위자인 폴 새뮤얼슨Paul A. Samuelson●은 그 이유를 절묘하게 비유했다.

지능지수를 표시하는 IQ처럼 자산 운용 능력을 표시하는 PQ(퍼포먼스 지수)가 있다고 가정하자. PQ가 높은 사람은 투자에 성공하고 반대로 낮은 사람은 손실만 입는다. 이것을 새뮤얼슨은 이렇게 말한다.

● 신고전파를 대표하는 미국의 경제학자. '현대 경제학의 아버지'로 평가받고 있다.

"투기꾼은 이른바 기상나팔을 부는 담당병사를 깨워주는 개를 원한다. 하지만 그런 개를 찾아오기란 쉬운 일이 아니다. 그런 개가 있다 하더라도 빌려오려면 큰돈을 준비해야 한다."(《세계 금융 시장을 뒤흔든 투자 아이디어Capital Ideas: The Improbable Origins of Modern Wall Street》, 피터 L. 번스타인 저)

수익을 낼 종목을 알고 있는 사람(기상나팔을 부는 담당병사를 깨워주는 개)은 자기 자산을 직접 운용하는 편이 훨씬 이득이므로, 그들로부터 정보를 얻어오려면 그 이상의 대가를 지불해야 한다. PQ가 높은 사람은 IQ도 높으므로 급여를 받고 정보를 제공하거나 책이나 강연을 통해 돈을 버는 보잘것없는 일은 하지 않는다. 다시 말해, '돈을 버는 정보'를 가르치는 사람들은 모두 PQ가(그리고 IQ도) 낮다는 말이다. 이것이 20세기가 낳은 최고 경제학자의 생각이다.

'금융의 프로'는 의사와 같은 전문가와는 다르다. 의사가 병을 고치는 것은 자신의 전문지식으로 환자를 건강하게 만들어서 치료비라는 대가를 얻기 때문이다. 하지만 '금융의 프로'는 값비싼 약을 여기저기에 뿌려댄다. 그들의 처방전을 그대로 따르면 병이 악화될 우려마저 있다.

안심을 파는 장사

내가 워런 버핏이나 폴 새뮤얼슨처럼 애널리스트가 하는 일을 전면 부정하는 것은 아니다. 그중에는 탁월한 식견으로 뛰어난 성과를 올리는 사람도 분명히 있다. 하지만 여전히 두통거리가 남아 있다. 보통 사람들은 누가 올바른지 알 수가 없다는 점이다.

그 점은 다음과 같은 단순한 논리로 설명할 수 있다.

미래의 주가를 언제나 정확하게 예측하는 애널리스트가 있다면 투자자는 그를 철썩 같이 믿고 그의 예측에 따라 주식매매를 할 것이다. 그렇게 되면 특정 투자자가 이 세상의 모든 부를 독점하든가(확실하게 수익이 날 것이므로) 아무도 수익이 나지 않든가(모든 사람이 같은 행동을 할 것이므로), 결과는 둘 중 하나이다. 논리적으로는 반드시 그렇게 된다. 그런 사태가 일어나지 않았다는 것은 '미래의 주가를 언제나 정확하게 예측하는 애널리스트'는 존재하지 않는다는 것의 반증이다.

그런데 이 이야기는 90%의 적중률을 자랑하는 애널리스트에게도 적용할 수 있다. 합리적인 투자자라면 손해를 볼 가능성이 10%라도 남은 90%가 확실하게 수익을 얻을 수 있다면 그의 예측에 따르는 것이 이득이라고 판단할 것이다. 그 결과, 백발백중의 적중률을 자랑하는 애널리스트의 경우보다는 다소 시간이 걸리겠지만, 최종적으로는 지구상의 모든 부를 특정 투자자가 독점하든가 아무도 수익을 내지 못하든가 둘 중 하나의 상태로 끝난다. 이로써 '90%의 적중률을 자랑하는 애널리스트'도 이 세상에는 존재하지 않는다는 것을 알 수 있다.

적중률이 80%, 70%, 60%로 내려가도 같은 논리가 적용되며, 이론적으로는 51%까지 해당된다. 주식 시장에서 주식매매가 성립하는 것은 애널리스트의 신탁이 적중하기도 하고 빗나가기도 해서 누가 올바른지 도무지 알 수 없기 때문이다. 역설적이게도 그들의 예측은 '답안 찍기'와 다를 바가 없기에 주식 시장은 원활하게 돌아간다(이 이야기는 차트를 보고 미래의 주가를 예측하는 기술적 분석 투자 애널리스트에게도 해당된다).

그러면 추천 종목을 가르쳐주는 애널리스트나 주식 시장의 동향을 자신만만하게 점치는 평론가는 대체 무슨 일을 하고 있단 말인가? 그들도 주식 시장에 없어서는 안 되는 중요한 일을 한다. 그것은 바로 투자자에게 '안심'을 파는 일이다.

사람이 어떤 행동을 할 때는, 그것이 신발 한 켤레를 사는 사소한 행위라도 그 나름의 이유가 필요하다(1만 엔은 큰돈이지만 최신 모델이니까 그만한 가치는 있을 거라는 등). 인간은 로고스(말, 논리)에 지배당하는 동물이며 논리적으로 합당하지 않는 행동을 하지 못하게끔 유전자에 새겨져 있다(아마도 그럴 것이다).

주식 투자를 할 때 투자자들은 자신의 결단을 뒷받침해주는 합리적인 이유를 찾는다. 투자자에게 주식매매를 하게 만들려면 그들이 무의식적으로 찾고 있는 '꿈 같은 이야기'를 계속해서 제공해야 한다. 그 중책을 애널리스트와 주식 평론가가 짊어지고 있다.

전문가의 조언에
공격과 **중립**만 있는 이유

연금 자산 등을 운용하는 기관 투자자의 경우 애널리스트에게 '안심'을 사려는 수요가 더욱 크다. 운용 성적에 책임을 져야 하는 펀드매니저는 어디까지나 월급쟁이이다. 만일 엄청난 손실을 내고는 "제 독단으로 한 일입니다."라고 하면 당장 목이 날아간다(적어도 출세의 문은 닫힌다). 이들에게 상세한 데이터와 함께 왜 그 종목에 투자했는지 '논리적으로' 설명하는 애널리스트의 보고서는 변명거리로 안성맞춤이다.

그런데 금융기관과 애널리스트의 관계는 좀 더 미묘하다.

어느 회사의 주식이 시장에서 1만 엔에 매매된다고 가정하자. 유력 애널리스트가 적정주가를 2만 엔이라고 예측하여 매수를 장려하면 투자자는 너도나도 주식을 사려 할 것이다. 반대로 5,000엔의 가치밖에 없다며 매도를 장려하면 그 주식은 폭락할지도 모른다. 양쪽 다 증권사는 투자자로부터 매매 수수료를 챙기고 그 돈에서 애널리스트의 급여가 지급된다. 여기까지는 아무 이상이 없다.

문제는 적정주가를 저평가당한 회사가 화를 내는 경우이다. 라이브도어처럼 높은 주가를 이용하여 인수합병을 통해 성장하려는 기업은 증권사에게 VIP나 다름없다. 그런데 어떻게 투자자에게 이 회사의 주가는 고평가되어 있으니 매도하라고 조언할 수 있겠는가?

결국 애널리스트의 투자 판단에는 '공격'과 '중립'만이 존재한다. 상사로부터 "이번에 큰 건이 들어올 것 같으니까 신경을 좀 쓰게나."라는 무언의 압력이 가해지면 "아, 난감하구만. 그래도 주택융자금도 있으니 할 수 없지."라고 반응하는 보너스 기대파는 '매수 장려'를, "아무리 그렇게 말해도 이렇게 형편없는 주식을 어떻게 사라고 하나."라고 말하는 양심파는 어쩔 수 없이 '중립'을 선택한다. 하지만 그렇게 하면 기업의 재무담당으로부터 "중립이라고? 결국은 '팔라'는 말이잖아."라는 싫은 소리를 듣기도 하니 양심적으로 행동하기가 쉽지 않다.

그런 저런 이유 때문에 벤처 시장의 애널리스트는 모두 라이브도어 문제에 침묵할 수밖에 없었다. 어린아이도 속아 넘어가지 않을 것 같은 분식 결산을 몰랐다고 하면 자신의 무능함을 만천하에 드러내는 꼴이 된다. 또 주가조작을 알면서도 투자자에게 매수를 권유했다고 하면 범죄에 가담한 셈이니 벌을 받게 된다. 그렇다면 남은 길은 단 하나. 고개를 푹 숙이고 이 폭풍이 지나갈 때까지 기다리는 수밖에 없다.

카리스마 넘치는 평론가가 되는 방법

　　주식 평론가나 투자 컨설턴트의 예측이 그다지 들어맞지 않는다면 어떻게 그들은 장사를 계속할 수 있는 것일까? 그것은 적당한 주식에 적당한 이유를 붙여서 추천해도 반은 들어맞기 때문이다. 그래서 수완 좋은 주식 평론가는 어쩌다 적중한 종목을 대대적으로 선전한다.

　　"보십시오. 라이브도어의 주가가 10배가 되었군요. 내 말을 믿었다면 당신은 지금쯤 억만장자가 되었을 텐데 말이죠."라는 식으로. 물론 빗나간 예상은 "투자는 자기 책임입니다."라며 무시한다.

　　좀 더 고도의 전략을 쓰고 싶다면 극단적인 말이나 대다수의 예상과 반대되는 말을 해보는 것도 좋다. 예를 들면 닛케이 평균의 폭락으로 시장 참가자가 소극적이 되었을 때 "경제 펀더멘털은 여전히 탄탄하다. 주가는 몇 달만 있으면 바닥을 치고 반전할 것이다."라고 말한다. 어쩌다가 그 말대로 되면 "나는 주가가 이렇게 된다고 예측한 유일한 사람이다.”라고 대대적으로 말하고 다닌다. 예측이 빗나갔다 해도 그런 것은 아무도 신경 쓰지 않으니 얼마 안 가 사람들의 뇌리에서 사라질 것이다.

또는 “일본은 20××년에 국가 부도가 난다.”라든가 “영업정지로 은행에 맡긴 돈은 돌려받지 못할 것이다.”라든가 하는 식으로 일어날 가능성이 아주 낮은 대신, 실제로 일어난다면 엄청난 재앙이 닥칠 불길한 예언을 한다. ‘노스트라다무스의 예언’이 세계적으로 유행한 것만 봐도 알 수 있듯이 인간은 파멸 속으로 끌려들어가는 성향이 강하다(프로이트라면 아마 ‘타나토스=죽음에 대한 욕망’이라고 말했을 것이다). 예언이 적중하면 평생 ‘신’으로 추앙받는다. 만약 빗나가도 나쁜 일이 일어나지 않았으니 문제될 건 없다. 그렇다면 이런 손 쉬운 예언을 하지 않는 것이 손해라는 무척 알기 쉬운 결론에 도달한다.

이런 일이 가능해진 것은 주식 평론가의 예상을 과거 몇 년 전까지 거슬러올라가 검증하는 괴짜가 드물기 때문이다. 하지만 미국에서는 집요한 경제학자들이 투자 정보 서비스의 예측 내용을 철저하게 검증하기도 한다. 그 결과는 예상대로 비참했다. ‘금융의 프로’의 말대로 주식매매를 했을 때 왠지 모르지만 원숭이에게 표적을 맞히게 하여 적당히 투자 종목을 고르는 것보다 나쁜 성적이 나왔다. 결국 증권사에 수수료만 갖다 바친 꼴이었다. ‘금융의 프로’들은 세상과의 관계에서 완전히 자유로울 수 없기 때문일 것이다.

사실, 그중에는 뛰어난 예측 능력을 가진 기관도 있었다. 가장 유명한 것이 밸류라인 인베스트먼트 서베이^{The Valus Line Investment Survey}이다. 피셔 블랙^{Fischer Black}●의 연구에서도 밸류라인의 주가 예측은 장기적으로 시장 평균을 웃도는 실적을 남겼다고 나왔다. 밸류라인사의 모토는 "주가에 휘둘리지 않는다."이다. 금융업계의 애널리스트들이 우왕좌왕하는 모습을 잠깐 쳐다볼 뿐, 정작 그들은 여간해서는 예측을 바꾸지 않았다. 역설적이지만 잡음에 전혀 귀를 기울이지 않고 처음에 믿은 종목을 장기 보유하는 것이 부를 창출하는 비결이라고 하는 버핏의 주장이 옳다는 것이 여기서도 증명된 것이다.

● 옵션 가격 결정 이론으로 유명한 경제학자.

6장

경제학적으로 올바른 투자법을 알려주는 재무이론

주가 변동에도 규칙이 있을까

　　　　재무이론의 핵심은 현대 포트폴리오 이론^{Modern Portfolio} ^{Theory}에 있다. 경제학적으로 가장 올바른 투자법을 가르쳐주는 이 이론은 두 가지 특징을 갖고 있다.

1) 왜 그렇게 되었는지 이해하기 어렵다(최소한 확률과 통계에 관한 기초 지식이 필요하다).
2) 하지만 '경제학적으로 올바른 투자법'을 실천하는 것 자체는 무척 간단하다.

　　그러므로 1)에 대한 설명은 건너뛰고 2)만 보면 다음의 한 줄로 요약할 수 있다.

인덱스 펀드에 투자하라.

끝.

너무 성의가 없다고? 그럼, 복잡한 공식 따위는 모두 생략하고 현대 포트폴리오 이론의 대략적인 내용을 소개하겠다.

도박사라면 누구나 리스크와 리턴 사이에 밀접한 관계가 있다는 것을 잘 알고 있다.

룰렛 게임에서 베팅을 하는 방법에는 여러 가지가 있는데, 크게 따려면 홀수나 짝수에 거는 방법은 의미가 없다. 0을 포함한 모든 숫자 중앙에 칩을 놓아 숫자를 하나만 고르는 스트레이트업 베팅이나 두 개의 숫자가 나뉘는 선 위에 칩을 놓아 숫자 두 개를 고르는 스플릿 베팅을 해야 상금배율이 높아진다.

적중 확률이 낮을수록 상금액은 커진다. 이것은 모든 도박을 지배하는 리스크와 리턴의 법칙이다.

지금부터 약 반세기 전인 1952년, 시카고대학의 대학원생이었던 무명의 청년 해리 마코위츠Harry Markowitz는 박사논문의 주제를 정하지 못해 고민하고 있었다.

어느 날 지도교수와 자신의 고민을 의논하려고 연구실 복도에서 기다리고 있는데 한 신사가 말을 걸어왔다. 그 신사는 마코위츠의 고민을 듣고 나서 "그렇다면 주식 시장을 연구해보면 어떻겠나?"라고 조언했다.

훗날, 마코위츠는 이 연구로 노벨 경제학상을 수상하게 되지만, 그 계기를 만들어준 수수께끼의 신사는 사실은 그의 지도교수에게 주식

매수를 권유하려고 찾아온 주식 브로커였다.

마코위츠가 생각해낸 것은 주식 투자에도 룰렛 게임에서처럼 리스크와 리턴이라는 상관관계가 작용하지 않을까 하는 것이었다. 만약 그렇다면 주가 변동을 수학적으로 나타낼 수 있을지도 모른다. 오, 이거 의외로 괜찮은 주제일지도 몰라.

하지만 그러려면 주식 시장은 어떤 규칙에 지배되는지 가설을 세워야 한다. 주식은 매일 등락을 거듭하고 있지만, 얼핏 보기에 룰렛처럼 명확한 규칙은 없기 때문이다.

단 하나, 어느 주식이 언제 오를 것인가(또는 내릴 것인가)는 아무도 모르는 것 같다는 점은 확실했다. 이건 혹시 무작위 확률 게임인가? 그렇다면 확률론과 통계학 기법을 적용할 수 있을지도 모른다. 이것이 청년 마코위츠의 두 번째 아이디어였다.

물에 꽃가루를 뿌리면 꽃가루의 미립자는 물 분자의 불규칙적인 (무작위한) 움직임에 의해 시간이 지나면서 흩어지기 시작한다. 이것이 19세기 초에 로버트 브라운이 발견하고 20세기 초에 아인슈타인이 그 원리를 밝힌 '브라운 운동 Brownian motion'•이다. 꽃가루의 미립자는 완전히 불규칙적으로 움직이기 때문에 어떤 방법을 써도 다음에 어디로 이동할지 알 수 없다. 다만 확률적으로 어느 범위 내에

• 1827년 영국의 식물학자인 로버트 브라운이 현미경으로 물 위에 떠 있는 꽃가루를 관찰하다가, 꽃가루에서 나온 작은 입자가 수면 위를 끊임없이 돌아다닌다는 것을 발견한 것이 이 이론의 시초이다. 이것은 액체나 기체에서 일어나는 작은 입자들의 불규칙한 운동을 말하며, 입자들은 온도가 높아질수록 운동이 활발해진다. 1905년에 아인슈타인은 이 운동의 원리를 분자운동으로 설명하였다.

서 움직일지는 수학적으로 정의할 수 있다.

주식 시장에서의 주가 변동도 이 브라운 운동 같은 게 아닐까 하는 생각이 청년 마코위츠의 머리를 스친 것이다.

손실 가능성과
수익 가능성의 상관관계

물 분자는 영하에서는 거의 움직이지 않다가 열을 가하면 점점 활발하게 움직이고 100도가 되면 증기가 되어 대기에 흩어진다. 얼음 위에 떨어진 꽃가루 미립자의 위치는 쉽게 파악할 수 있지만, 온도가 올라갈수록 꽃가루는 활발하게 움직여서 움직임의 방향을 예측하기 어려워진다. 이를 재무이론에서는 '리스크'라고 한다.

리스크란 단순히 '손실 가능성'이 아니라 수학적으로는 예측 가능의 정도를 의미한다. 얼음 위에 있는 꽃가루는 리스크가 낮고 펄펄 끓는 물속에 있는 꽃가루는 리스크가 높다. 왜냐하면 전자는 예측 가능성이 높고 후자는 예측 가능성이 극도로 낮기 때문이다.

이 사실로 볼 때 무작위한 운동에서는 리스크와 리턴이 1대 1로 대응한다는 것을 알 수 있다. 꽃가루의 움직임을 주가라고 생각하면 주식 투자에서 리스크가 없으면(얼음 위에 있으면) 이득도 없지만 손실도 없다. 리스크가 극도로 높으면(끓는 물속에 있다면) 어느 정도로 움직일지 짐작도 할 수 없으므로 이때는 엄청나게 이익이 나기도 하고 엄청나게 손실이 발생하기도 한다. 즉, 리스크는 '손실 가능성'인 동시에 '수익 가능성'이기도 하다.

이것이 재무이론의 가장 중요한 요점이니 다시 한 번 짚고 넘어가자.

"나는 투자에서 리스크를 감수하고 싶지 않다."는 것은 "나는 굳이 수익을 내지 않아도 괜찮다."와 같은 의미이다. "나는 한방 크게 터뜨리고 싶어!"라는 것은 바꿔 말하면 "나는 리스크가 커도 괜찮아!"와 같은 의미이다. 이 점만 알아두면 "원금은 100% 보장되면서 대박 나는 상품은 뭐가 있죠?"라고 황당한 질문을 해서 상대방에게 "이 사람, 무뇌아 아냐?"라는 의심스러운 눈빛을 받지는 않을 것이다.

통계학에서는 이 리스크를 '분산'이라고 한다. 예를 들면 은행예금은 정해진 시기에 정해진 이자가 지급되므로 분산은 지극히 적다(리스크가 낮다). 그에 비해 주식은 폭등하거나 폭락하기도 하므로 분산이 크다(리스크가 높다). 이처럼 분산의 크기 순으로 금융상품들을 놓아보면 하이리스크에는 주식이나 선물, 미들리스크에 펀드, 로리스크에 채권이나 예적금이 각각 자리를 잡는다.

그런데 이 '분산=리스크'라는 공식만으로 주식 시장을 설명하기에는 아직 불충분하다. 주가 차트에는 우상향이니 좌하향이니 하는 명확한 추세가 나타나지만, 꽃가루의 입자는 무작위로 움직이면서 어떤 범위 안에서 왔다 갔다 한다. 그렇다면 주가는 무작위로 움직이면서도 플러스 또는 마이너스 중 어느 한쪽으로 기울어 있다는 말이 된다.

재무이론에서는 이 기울기를 '기대수익'이라고 한다. 기대수익이 플러스이면 주가는 무작위하게 상하로 움직이며 서서히 상승한다. 반대로 기대수익이 마이너스이면 때로는 주가가 상승하기도 하지만 장기적으로는 주가가 하락한다.

주식의 기대수익(기울기)과 리스크(분산)의 값은 과거의 데이터에서 구할 수 있다. 이 두 가지가 결정되면 무작위로 움직이는 주가를 수학적으로 기술하여 다른 주식을 같은 기준에서 비교할 수 있게 된다. 여기에 마코위츠의 독창성이 있었다.

하나 더. 전문가들도 종종 오해하는 부분이 있는데, '하이리스크 · 하이리턴'일 때의 수익(리턴)과 기대수익(기울기)은 완전히 별개의 개념이라는 점이다. 하이리스크여도(가격 변동이 심해도) 기대수익이 마이너스라면 하이리턴은커녕 수익은 급속히 떨어진다.

리스크는 파도와 같은 것

　　"하나하나의 주식의 움직임은 기대수익과 리스크로 설명할 수 있다. 그럼 여러 개의 주식을 조합해보면 어떨까?"

　　이것이 마코위츠의 다음 의문이었다. 여기서 그는 무척 흥미로운 리스크의 특성을 발견했다.

　　리스크는 파도에 비유할 수 있다. 완전히 같은 강도의 파도가 서로 부딪힌다면 양쪽의 힘이 상쇄되어 수면은 잔잔해진다. 그와 마찬가지로 완전히 정반대의 움직임을 보이는 주식을 보유하면 주가 변동에 따른 손실이 없어진다. 이 경우에도 기대수익은 없어지지 않으므로 리스크 제로로 수익을 낸다는 꿈 같은 이야기가 현실로 이루어진다(수학적으로 말하면 '분산'과 '기울기'는 별개의 것이므로).

　　좀 비현실적인 이야기라고 치더라도, 약간이라도 움직임이 다른 주식을 보유하면 리스크 상쇄효과에 의해 손실 가능성만 줄일 수 있다. 이런 방법으로 이미 오래전부터 알려진 '분산투자'의 효용을 수학적으로 증명한 것이 마코위츠의 대발견이었다.

과거의 주가 데이터만 있으면 개별 종목의 리스크(분산)와 기대수익(기울기)을 쉽게 계산할 수 있다. 각 주가의 움직임을 비교하면 변동 경향(상관)을 파악할 수도 있다. 그것들을 전부 합해서 전체의 움직임(공분산)을 계산하는 것도 마음만 먹으면 못할 것도 없다. 가장 낮은 리스크로 가장 높은 수익이 얻어지는 최적의 조합을 수학적으로 표시할 수 있지 않을까?

컴퓨터가 아직 존재하지 않았던 50년 전에, 생각만 해도 정신이 아득해지는 이 작업을 마코위츠는 거의 손으로 해냈다. 다행히 우리는 엑셀 프로그램 등을 이용해 그의 이론을 검증하고 나아가 자신의 포트폴리오를 최적화할 수 있다. 실제로 해보면 꽤 흥미롭지만 여기서는 생략하자. 그 부분의 수학적 설명을 건너뛰어도 충분히 "경제학적으로 올바른 투자법"을 실천할 수 있으니 말이다.

효율적 포트폴리오의 발견

전력 관련주는 리스크가 낮은 반면, 소프트뱅크 같은 IT 종목은 리스크가 높다. 전력 관련주와 IT 종목을 모두 보유하면 어느 한쪽에 전 재산을 투자하는 것보다 통계적으로 낮은 리스크로 높은 수익을 획득할 수 있다. 이것이 마코위츠의 발견이었다.

하지만 리스크와 리턴을 비교하여 짠 최적의 조합은 한 종류만 있는 것이 아니다. 리스크를 감수하는 정도에 따라서 더 큰 수익을 얻을 수 있는 최적 포트폴리오(주식이나 채권 등 금융상품의 조합)의 내용이 달라지기 때문이다.

리스크를 두려워하지 않는 젊은 투자자는 IT 종목에 비중을 둔 하이리스크·하이리턴의 포트폴리오를 짜면 되고, 연금으로 생활하는 사람이라면 전력 관련주에 비중을 두어 로리스크·로리턴의 포트폴리오를 짜면 된다. 그렇게 생각하면 이 이론을 직감적으로 이해할 수 있을 것이다(증권사 직원들은 지금도 이 논리로 고객을 설득하고 있다).

그런데 예일대학에서 경제학을 가르치던 제임스 토빈^{James Tobin}(1981년 노벨 경제학상 수상)은 기묘한 말을 했다.

"젊은이건 늙은이건 투자자의 연령과 취향에 상관없이 주식 종목 보유 비율은 동일하게 가져가는 게 좋다."

토빈의 독창성은 주식으로만 구성된 포트폴리오가 아니라 국채 등 리스크가 없는 금융상품과 주식 포트폴리오의 조합을 생각한 데에 있다.

리스크를 감수하고 싶지 않은 투자자는 로리스크의 주식 포트폴리오가 아니라 전 자산을 국채(또는 은행 예적금)로 운용할 것이다. 높은 수익(=높은 리스크)을 노리는 투자자는 전 자산을 주식 포트폴리오로 운용할 것이다. 즉, 리스크가 없는 자산(국채)과 주식 포트폴리오를 조합함으로써 누구에게나 최적인 자산 배분 조합을 결정할 수 있다. 이것이 '효율적인 포트폴리오'이다.

토빈의 주장에 따르면 합리적인 투자자는 다음과 같이 행동한다.

1) 로리스크 · 로리턴 성향의 투자자 : 모든 자산을 국채(무위험 자산)로 보유한다.

2) 미들리스크 · 로리턴 성향의 투자자 : 국채와 주식 포트폴리오를 조합하여 보유한다.

3) 하이리스크 · 하이리턴 성향의 투자자 : 모든 자산을 주식 포트폴리오로 보유한다.

4) **초하이리스크·초하이리턴 성향의 투자자** : 돈을 빌려(차입) 주식 포트폴리오에 투자한다.

이것은 자산 운용에서의 코페르니쿠스적인 전환이었다. 투자자가 해야 할 일은 이것저것 주식 종목을 조합하는 것이 아니라 각자의 리스크 허용 정도에 맞추어 국채(예적금)와 주식 포트폴리오의 비율을 정하는 것이었다.

토빈의 이론은 오랫동안 월가에서 묵살당했다. 그의 주장은 고객별로 맞춤 포트폴리오를 제안하는 전통적인 투자 컨설팅사에게 문을 닫으라는 말과 동일했기 때문이었다.

재무이론의 종착점

　　금융기업이 재무이론을 무시할 수 있었던 가장 큰 이유는 그것이 탁상공론이며 실제로는 아무런 도움이 되지 않았기 때문이었다. 컴퓨터가 없었던 당시에는 100개, 200개의 종목을 조합한 대규모 포트폴리오의 분산과 공분산을 계산하는 데 엄청난 비용이 필요했고 시간이 오래 걸렸다. 게다가 주가는 매일 변하기 때문에 기초 데이터도 시시각각 변하기 마련이다. 그래서 "뭐라고 이상한 소리를 하는 학자가 있지만 우리랑은 상관없겠지."라는 선에서 끝났을 뿐이었다.

　　그때 윌리엄 샤프William Forsyth Sharpe(1990년 노벨 경제학상 수상)가 등장했다. 그의 '자산가격결정이론CAPM:Capital Asset Pricing Model'이 등장하면서 마코위츠에서 시작된 현대 포트폴리오 이론의 여정은 종착점에 다다른다. 샤프는 개별 주식을 시장 전체의 움직임과 연동시키는 방법을 창안했다.

주식 시장을 보면 알겠지만 개별 종목의 주가는 시장 전체의 움직임에 크게 영향을 받는다. 닛케이 평균이 올라가면 대체로 개별 주가도 상승하며 반대로 평균주가가 폭락하면 개별 종목도 그에 영향을 받아 하락한다. 그러나 잘 관찰해보면 종목에 따라서 변동 방식이 다르다는 것을 알 수 있다. 예를 들면 IT 종목은 평균주가의 움직임에 민감하게 반응하여 주가가 크게 변한다. 하지만 전력 관련주는 평균주가와 별 상관없이 안정적인 가격을 유지하는 경향이 있다. 주식 인덱스에 관련된 이 민감도를 샤프는 '베타'라고 명명했다.

샤프의 이론을 아주 간단하게 요약하면 다음과 같다.

어떤 주식의 가격 변동은 다음 세 가지로 나뉜다.

1) 그 종목 고유의 움직임(알파)

2) 시장 변동에 민감하게 반응하는 움직임(베타)

3) 예측 불가능한 사건

3)의 비시장 리스크, 즉 통계상의 예측 불가능성은 여러 개의 종목을 보유함으로써 제거된다. 그렇게 되면 포트폴리오의 가격 변동은 1) 그 종목 고유의 움직임(알파)과 2) 시장 변동에 민감하게 반응하는 움직임(베타), 이 두 가지 요소로 결정된다. 이때, 알파값은 일정하므로(수학적으로는 알파축의 절편에 도달하기 때문이지만 자세한 설명은 생략하자), 포트폴리오의 수익은 결국 베타계수의 크기로 결정된다.

이것이 재무이론을 석권한 '베타 혁명'이다.

자산가격결정이론의 위대한 점은 무작위로 움직이는 주식의 기대 수익률을 알파와 베타라는 단 두 가지 조합으로 단순화한 것이다. 샤프는 여기서 그치지 않고 모든 이의 입을 벌어지게 하는 결론을 도출했다.

"자산가격결정이론이 옳다면 이 세상에 효율적 포트폴리오는 단 하나밖에 존재하지 않는다. 그것은 바로 주식 시장을 축소 복사한 포트폴리오이다."

재무이론이 최종적으로 도달한 곳은 바로 여기였다.

7장

경제학자와
월가의 전쟁

경제학적으로
가장 올바른 투자법

주식 시장을 수학적으로 해석하는 재무이론의 근간은 마코위츠가 최초로 설정한 "주가는 브라운 운동처럼 무작위적으로 움직인다."는 가설이다. 이러한 시장에서는 주가 변동은 확률적으로밖에 예측할 수 없기 때문에 주식 투자는 우연의 게임이 되며, 시장 참가자는 누구도 혼자서 유리한 입장에 설 수 없다. 이것이 '효율적 시장가설'이며, 그 경우 합리적인 모든 투자자는 동일한 정보, 동일한 기준, 동일한 판단에 근거해 동일한 포트폴리오를 보유해야 한다는 말이 된다. 같은 외길을 걸으면 누구나 같은 장소에 도착하듯이 이 세상에 효율적 포트폴리오는 단 하나인 것이다.

샤프는 이 전제가 올바르다면 아래의 삼단논법이 성립한다고 말했다.

1) 모든 투자자가 가진 포트폴리오를 합치면, 시장에 존재하는 모

든 주식의 시가총액이 된다(투자자 이외에 주식을 보유하는 사람이 없으니까 당연하다).

2) 모든 합리적인 투자자는 효율적 시장에서는 동일한 포트폴리오를 보유하고 있다.

3) 그렇다면 투자자가 보유하는 가장 효율적인 포트폴리오는 시장에 존재하는 모든 주식을 시장에 존재하는 비율만큼 보유한 것이 된다.

마치 동화 같은 이 삼단논법에 따라, 샤프는 주식 시장 그 자체가 유일하고 절대적인 효율적 포트폴리오라고 결론을 내린 것이다.

하지만 대체 어떻게 하면 '시장 그 자체에 투자하는' 일이 가능하단 말인가?

안심하라. 그 답은 아주 간단하다.

토픽스TOPIX • 같은 평균주가와 연동하여 가격이 변동하는 펀드를 인덱스 펀드라고 한다. 주식 시장에 존재하는 모든 종목을 시가총액에 따라서 보유한 상품으로 시장을 축소해서 복사한 것과 같다.

이런 우여곡절을 거쳐 수많은 노벨상 학자를 배출한 재무이론의 정점에 군림하는 '경제학적으로 가장 올바른 투자법'이 완성되었다. 당신은 슬리퍼를 질질 끌고 집 근처에 있는 증권사를 찾아가서 "저기요, 인덱스 펀드에 10만 엔만 넣어주세요."라고 주문하면 된다.

• 'Tokyo stock price index'의 머리글자를 딴 것으로, 한국의 코스피와 같다고 보면 된다.

효율적 시장가설에 대한 반격

초등학생도 실천할 수 있다. 이것이 '경제학적으로 가장 올바른 투자법'의 가장 위대한 점이다. 지금은 어린아이도 증권사에 계좌를 만들 수 있으므로 친척들에게 받은 세뱃돈으로 인덱스 펀드를 사면 된다. 게다가 인덱스 펀드의 원리를 이해할 필요도 없다.

"노벨상을 받은 초일류 경제학자들이 입을 모아 똑같은 소리를 하는데 당연히 옳은 말이겠지."

너무 대충 생각하는 것 아니냐고도 하겠지만 결코 잘못된 태도는 아니다. 텔레비전을 살 때, 모든 사람들이 액정화면에 화상이 어떻게 해서 표시되는지 그 원리를 완벽하게 이해할 필요는 없다. "역시 '세계 속의 소니'야." 또는 "액정 하면 샤프지." 같은 평판(브랜드)을 기준으로 선택해도 대체로 아무 문제가 없다. 말할 것도 없이 노벨상은 경제학이란 분야의 명품 브랜드이다.

물론 이런 논리를 절대 납득할 수 없다는 고집쟁이도 있을 것이다.

그럴 때는 재무이론 입문서를 펼쳐들고 엑셀로 과거의 주가 데이터를 통계분석하면 마코위츠부터 샤프에 이르기까지, 모든 이론을 직접 확인할 수 있다(나도 좀 별난 사람이라 한 달 동안 검증해본 적이 있다). 전제 가설을 받아들이고 시뮬레이션을 해보면 '충격적인 결말'에 이르는 모든 과정이 수학적으로 완벽하게 검증되어 있음을 알 수 있다(그렇기 때문에 노벨상 수상 후보에 오른 것이다).

재무이론의 등장으로 가장 난처해진 사람들은 미국의 월가에서 일하는 금융사 직원들이었다. 모든 투자자가 인덱스 펀드를 사고 아무것도 하지 않아도 된다면 틀림없이 그들은 "그럼 우린 여태까지 무슨 짓을 했단 말인가?"라는 심각한 정체성 혼란을 겪게 될 것이다. 그뿐이라면 또 모르겠는데, 정리해고 태풍이 불어닥쳐 어제까지만 해도 억대연봉자였던 사람이 다음 날에는 노숙자 신세가 될 가능성도 있다.

하지만 '경제학적으로 올바른' 이론에 반론하기는 결코 쉽지 않다. 그래서 월가가 보유한 모든 무기탄약은 그 이론의 전제 가설인 '효율적 시장가설'을 무너뜨리는 데에 집중적으로 투하되었다.

"시장이 효율적이라고? 모든 투자자가 모든 주식에 관해 어떤 정보라도 즉각 입수할 수 있다고? 그럴 리가 있나. 이래서 현실을 모르는 학자는 안 되는 거야."

벽창호와 고장 난 녹음기

시장이 효율적이냐 아니냐 하는 논쟁은 재무이론이 완성된 1980년대부터 4반세기 동안 끊임없이 계속되고 있으며 지금도 결론이 나지 않았다. 당사자들은 심각한 표정으로 주장을 펼치지만 옆에서 보면 좀 우스꽝스럽다.

'효율파'의 경제학자는 워런 버핏과 조지 소로스, 래리 윌리엄스 같은 주식 시장의 영웅들을 가리켜 '복권 당첨자'라고 일축한다. 마치 벽창호 정치가처럼. 반면, '반효율파'는 끊임없이 같은 말을 반복한다. 마치 고장난 녹음기처럼. "나는 이만큼이나 큰 수익을 냈다.", "저 사람은 나보다 훨씬 더 벌었어." 네네, 알겠습니다. 그것 참 다행이네요.

반효율파와 효율파의 논쟁은 대개 이런 식으로 전개된다.

반효율파 : 효율적 시장가설 따위는 새빨간 거짓말이다. 1년 동안 자

산을 2배로 불린 내 실적이 명백한 증거가 아닌가?

효율파 : 그게 무슨 증거가 되나. 시장이 효율적이라는 말은 아무도 수익을 내지 못한다는 의미가 아닌데. 당신이 어쩌다가 엄청난 돈을 벌었다고 해도 그건 가위바위보에서 10번을 연이어 이기는 사람이 있는 것이나 마찬가지야. 통계적으로 그리 드문 일도 아니야. 도박의 성적은 평균으로 회귀하니까 내년에는 별로 기대하지 않는 게 좋을 걸.

반효율파 : 그럼 래리 윌리엄스처럼 연승을 거듭한 트레이더는 어떻게 설명할 건가? 시장이 효율적이라면 '15년 연속 무패'는 없어야 할 것이 아닌가?

효율파 : 나는 유능한 트레이더의 존재를 부정할 정도로 고집쟁이는 아니야. 그건 앞뒤가 바뀐 주장이야. 래리 윌리엄스 같은 대단한 수완가가 있기 때문에 시장이 효율적으로 돌아가는 거야. 그 어떤 시장의 괴리도 한순간에 없애버리는 사람이니, 그가 지나간 곳에는 풀 한 포기 남아 있지 않게 되지.

반효율파 : 그럼 워런 버핏은 뭔데? 풀 한 포기 남아 있지 않은 시장에서 어떻게 420억 달러나 되는 자산을 쌓았다는 거지?

효율파 : 그야 워런 버핏은 투자자가 아니라 성공한 사업가이니까 가능했지. 그의 자산 대부분은 자신이 경영하는 버크셔 해서웨이라는 보험회사의 소유가 아닌가? 그리고 '워런 버핏이 샀다'는 것만으로 모든 사람들이 앞다퉈 그 주식을 사니 결과적으로 주가가

상승하는 거지. 그게 바로 정보가 즉각 전파되는 효율적 시장이란 거야.

이렇게 말하며 효율파의 경제학자는 대대로 계승된 비밀 병기를 천천히 꺼낸다.

"그렇게 우기고 싶으면 펀드 실적을 한번 비교해보시지. 시장이 효율적이지 않다면 정보와 자금이란 측면에서는 펀드매니저가 개인 투자자보다 압도적으로 유리한 조건에 있으니까 시장평균 이상의 투자 실적을 남겨야 할 것 아닌가?"

이 병기를 휘두르면 월가의 입장을 대변하는 반효율파는 몸을 움츠리고 만다. 지금까지 몇 번이나 펀드 실적을 측정했는지 모른다. 하지만 그때마다 금융업계에서 최고의 지성을 자랑하는 펀드매니저가 심혈을 기울이며 운용하는 액티브 펀드•의 60~70%가 시장평균 수익률 이하라는 잔혹한 현실을 직시해야만 했다(이것은 미국뿐 아니라 일본도 마찬가지이다).

동전 던지기를 1만 번 하면 앞면과 뒷면이 나오는 횟수는 반반이 된다. 시장이 효율적이면 펀드매니저의 능력에 상관없이 많은 종목을 보유한 포트폴리오의 평균 실적이 시장평균과 일치할 것이다. 만약 그렇다면 인건비 등의 비용만큼 액티브 펀드가 인덱스 펀드에 뒤

• 적극적이고 과감한 종목 선정과 운영 방식을 통해 시장 초과 수익률을 추구하는 공격형 펀드를 말한다. 일반적으로 높은 판매 수수료와 보수, 거래 비용이 발생하며 펀드 간의 수익률 격차가 크다.

지는 것이 당연하다.

　참 난감한 사태이다. 펀드가 존재하는 의미가 없다면 펀드매니저도 애널리스트도, 아니 금융업계 자체가 필요 없어지지 않는가?

노벨상 수상자들의 논리는 모두 옳은가

주식의 본고장 미국에서 반효율파에게 압승을 거두고 있는 '경제학적으로 올바른 투자법'은 의외로 일본에서는 별로 보편적이지 않다. 일본의 투자자들이 뒤떨어졌기 때문은 아니다(그렇게 주장하는 사람도 있지만). 과거의 예를 보면 일본에서 경제학적으로 올바르게 행동을 한 투자자는 큰 손실을 보았기 때문이다.

재무이론은 그 내용을 하나하나 짚어나가면 다음 두 가지 원칙으로 귀결된다.

1) 시장은 효율적이며 주식 투자는 우연의 게임이므로 장기적으로 보면 아무도 시장평균 이상의 수익을 낼 수 없다(아등바등할수록 거래 수수료만큼 손해를 입을 뿐이다).
2) 장기적으로 보면 시장은 확대되고 주가는 상승한다.

다시 말해, 시간과 더불어 당첨될 확률이 높아지는 복권 같은 것
이다. 복권 당첨 번호는 완전히 무작위로 정해지므로 '엉터리 필승
법'을 비싼 돈을 내고 사거나 당첨 복권이 나온다고 소문이 난 가게
를 일부러 찾아가는 일은 쓸데없는 짓이다. 당첨 확률은 시간과 함께
높아지므로 일단 사고 난 뒤에는 팔지 않고 계속 보유하는 것이 가
장 영리한 행동이다.

이때 약방의 감초처럼 세계대공황의 방아쇠를 당긴 1929년 월가
의 주가 대폭락 이야기가 등장한다. 당시에 많은 개인 투자자가 파산
하여 집을 잃고 창밖으로 몸을 던졌다고 전해져오지만, 사실은 폭락
직전의 최고가에 주식을 샀다고 해도 그 주식을 팔지 않고 계속 갖고
있었다면, 20년 뒤인 1950년대 중반쯤에는 손실이 회복되었고 그 후
에는 큰 수익을 낸 것으로 보고되었다. 장기투자가 가능하다면 세계
대공황도 전혀 두렵지 않다. 왜냐하면 유사 이래 인류의 경제 규모는
확장되고 있기 때문이다.

듣고 보니 설득력 있는 논리다. '역시 노벨상을 받은 학자는 달라.'
라고 생각하는가? 그렇다면 이번에는 닛케이 평균의 주가 차트를 살
펴보라.

거품경제의 절정기인 1989년, 닛케이225 평균주가의 최고치는
약 3만 9,000엔이었다. 세기말의 IT거품이 꺼진 2003년 4월에는 5
분의 1 이하인 7,600엔대까지 폭락했다. 2006년 2월에는 1만 6,000
엔 전후로 회복세를 보여 '거품경제가 다시 왔는가' 하며 호들갑을

떨었다.•

"역사적인 거품경제가 붕괴된 지 이미 17년이나 지났다. 그렇다면 이제 8년만 기다리면 25년이니까, 2014년의 닛케이 평균은 4만 엔을 넘어서 거품경제 시절에 주식을 산 사람들도 드디어 수익이 날 것이다!"

잠깐, 잠깐. 그렇게 말해도 될까? 노벨상 수상 학자들.

물론 안 된다. 주식 투자는 우연의 게임이므로 그 누구도 미래의 주가를 예측할 수 없다.

"그러나 안심하라."라고 경제학자는 말할 것이다.

"주가는 언젠가는 4만 엔을 넘을 것이다. 그건 틀림없다. 그게 50년 뒤일지 100년 뒤일지는 모르겠지만."

뭐라고! 그때는 이미 나는 죽고 없다고. 경제학적으로 올바르다고 한들 그게 무슨 소용이 있단 말인가?

이리하여 반효율파가 다시 기세등등하게 고개를 쳐든다.

"돈도 내가 살아 있을 동안 쓰는 거죠. 그렇다면 다른 방법을 찾아봐야죠. 아, 그런데 이 헤지 펀드는 어때요? 수익률이 꽤 좋은 상품입니다."

어휴, 대체 어느 장단에 춤을 춰야 하나.

• 참고로 2011년 8월의 닛케이225 지수는 9,000엔 이하로 떨어졌다.

장기투자에 대한 오해

:

미국 시장에서는 장기투자가 보답을 받았다. 일본 시장에서는 거품경제가 무너진 지 20년 가까이 되었는데도 전혀 그럴 기미가 보이지 않는다. 그렇다면 미국은 경제학적으로 올바른 주식 시장이지만 일본은 잘못된 시장이라는 말인가? 이렇게 주장하는 사람들이 많다. 그럴 수도 있고 아닐 수도 있다. 하지만 이런 논의에 무슨 의미가 있을까? 수익이 나지 않는 이유를 이리저리 유추해봤자 그저 허무할 뿐이다. 다시 한 번 기본으로 돌아가자.

'장기투자에 리스크는 없다'는 정설은 사실은 아무 근거 없는 말이다. 리스크란 예측 가능성을 뜻한다. 그렇다면 그 말은 '먼 미래는 예측하기 쉽다'라고 말하는 것이나 같다. 하지만 정말로 그럴까?

열 살짜리 어린아이도 내일의 일은 어느 정도 정확하게 예측할 수 있다. 그러나 30년 뒤의 자신의 모습을 예측할 수 있을까? 통계적으로는 평범한 직장 생활을 하고 있을 확률이 높지만, 혹시나 큰 성공을 거두어 사람들의 선망을 받는 '상류층'이 되어 있을지도 모른다. 장기적인 예측이 어렵기 때문에 사람들은 '꿈'을 꾸는 것이다.

이렇게 생각하면 '장기투자일수록 리스크가 높다'는 점을 누구나 알 수 있다. 리스크는 리턴(수익)의 원천이며 리스크가 높기에 커다란 부를 창출할 수 있다.

이야기는 여기서 끝나지 않는다.

주식회사는 금융 시장에서 사업자금을 모아 직원을 고용하고 토지나 공장, 기계 등의 자본재를 구입하며 원재료를 매입하고 아이디어와 연구개발력, 브랜드를 이용함으로써 투입한 자금보다 더 많은 부를 창출하는 일종의 '장비'이다. 그것은 마법의 저금통을 닮았다. 저금통에 100엔을 넣으면 120엔이 나오는 저금통. 하지만 때때로 그 저금통은 부서져서 돈이 돌아오지 않는 일도 있다.

만약 이 장비가 바르게 작동한다면 부는 복리의 힘을 빌려 점점 커질 것이다. 당첨 복권의 수가 계속 증가하는 이 상태를 '기대수익이 플러스'라고 한다(장기적으로 주가는 상승한다). 그러나 반대로 저금통의 어딘가에 문제가 생겨서 투입한 자금보다 적은 돈이 돌아오면(기대수익이 마이너스라면) 돈은 급격히 없어지기 시작한다. 이처럼 장기투자가 커다란 부를 낳는 것은 기대수익이 플러스일 때뿐이다.

"주식은 장기 보유하면 반드시 수익이 난다."고 말하는 사람이 있는데, 이것이 언제나 옳은 것은 아니다. 경영자가 무능해서 시장에서 조달한 자금을 야금야금 갉아먹는다면 그 회사의 부는 점점 줄어들고 결국에는 파산할지도 모른다. 또한 석탄산업처럼 구조적인 요인 때문에 쇠퇴하는 업종에 투자했다면 시간이 지남에 따라 손실은 커져만 갈 것이다. 양쪽 다 기대수익이 마이너스이기 때문이다. 이 경우, 장기투자 리스크의 크기가 마이너스 효과로 나타나 점점 빠른 속도로 자산이 줄어든다.

이것은 개개의 회사와 업태에 국한되지 않고 한 나라의 경제에도 해당된다. 베를린 장벽의 붕괴 후, 소련연방이 해체되고 구 사회주의 국가들이 눈사태처럼 무너져 자유경제로 이행했으며, 중국이 자본주의 경제 도입 쪽으로 방향을 급선회한 이래, 세계 시장은 폭발적으로 성장하기 시작했다. 일본만이 성장의 대열에서 낙오했다.

거품경제 붕괴 이후, 일본 주식 시장의 기대수익은 오랫동안 마이너스였다. 그래서 '경제학적으로 올바른 투자법'으로 주식 투자를 하면 수학적 정확성으로 인해 부가 소실되었던 것이다. 하지만 이것이 현대 폴트폴리오 이론이 틀렸다는 의미는 아니다.

자본주의는 자가증식하는 시스템이다. 일상의 경제활동에서 차이를 발견하고 그것을 부로 변환하며 거기서 또 차이가 발생한다. 자원문제나 환경문제 등 외적인 제약이 없다면 이론적으로 이 운동은 무한히 계속된다. 그렇다면 '시장 포트폴리오'에 투자하는 것은 글로벌 시장 그 자체에 투자한다는 말이 아닐까?

총정리

지금까지 한 이야기를 정리해보자.

주식 시장에서 부를 창조하는 대표적인 방법으로는 다음 세 가지가 있다.

1) 주식 거래(데이트레이딩 포함)
2) 개별 주식 장기투자(워런 버핏식 투자법)
3) 인덱스 펀드(경제학적으로 가장 올바른 투자법)

왜 이 방법들이 효과적인가 하면 주식 투자는 다음과 같은 게임이기 때문이다.

1) **주식 투자는 확률 게임이다**(절대적으로 수익이 나는 방법은 존재하지 않는다).
2) **주식 시장은 대체로 효율적이지만 미묘한 괴리가 발생한다**(이 괴리는 유능한 투자자들에게 즉시 발견되고 소멸된다).
3) **자본주의는 자가증식하는 시스템이므로 장기적으로 보면 시장**

이로써 주식 투자에서 '이기는' 합리적인 방법은 두 가지밖에 없다는 결론이 나온다. 시장의 괴리를 이용하거나 장기투자를 해서 나무에서 열매가 떨어지기를 기다린다. 어느 것이 더 뛰어나다고 단정할 수는 없으며 양쪽 다 자본주의에서 태어난 것이다.

단기 트레이딩은 시장의 괴리에서 부를 창출하는 수법이다. 장기투자의 효과가 작용하지 않으므로 필연적으로 대박을 내는 투자자가 있는 반면, 70% 이상의 투자자는 모든 자금을 날리고 퇴장하는 약육강식의 제로섬 게임이다.

인덱스 펀드는 장기적인 시장 확대를 이용해 부를 창조하는 기법이다. 시장의 괴리를 이용할 수 없으므로 평균 이상의 운용 실적을 올리기란 원리적으로 불가능하다(그 대신 시장평균 이하로 떨어지지도 않는다).

워런 버핏식의 저평가 주식의 장기 보유는 시장의 괴리를 이용하는 동시에 장기간에 걸친 시장 확대를 레버리지로 삼아 커다란 부를 창출하려는 투자이다. 버핏처럼 자본주의의 원리에 충실한 투자자가 시장평균을 웃도는 막대한 자산을 쌓는 것은 어떤 의미에서는 당연한 일이다.

3부

생초보를 위한 투자법

8장

금융 지식이 없는 사람들을 위한 조언

금융판
바보의 벽

일본의 석학 요로 다케시養老 孟司의 베스트셀러 《바보의 벽》•에 나오듯이, 우리는 같은 언어로 대화하는데도 상대방과 '전혀 말이 통하지 않아서' 불안해질 때가 종종 있다. 나는 상대방을 감히 '바보'라고 지칭할 배짱이 없으므로 정치적으로 올바른 용어인 '리터러시literacy가 없다'고 표현하겠다. 리터러시란 원래 읽고 쓰는 능력을 가리키는데, '리터러시가 없다'는 말의 의미를 구체적으로 말하면 이런 뜻이다.

1) 논의의 전제가 되는 지식이 결여되어 있다.

2) 자신에게 지식이 결여되어 있다는 사실을 깨닫지 못한다.

• 2003년 일본 열도를 달군 최고의 베스트셀러로 '바보의 벽' 신드롬을 가져오기도 한 책. 해부학자인 저자는 사람들 사이에 분쟁이 발생하는 것은 인간의 뇌 속에 상대방과의 대화와 소통을 가로막는 벽, 즉 '바보의 벽'이 있기 때문이라고 했다.

투자의 세계에서는 이런 부류의 사람들을 쉽게 만날 수 있는데, 그들은 일반적으로 '금융 리터러시(지식)가 없는 사람들'이라고 불린다. 알기 쉽게 말하자면 '먹잇감'이다. 품위 없는 표현이라 송구스럽지만, 많은 금융상품이 이 먹잇감들의 단물을 빨아먹을 목적으로 만들어져 있다.

2005년 10월, '통신벤처의 영웅'이라고 떠받들어지며 최저가 유선전화 요금을 내세워 화제를 모았던 헤이세이덴덴平成電電이 민사재생법 적용을 청구했다. 이 회사는 헤이세이덴덴시스템, 헤이세이덴덴 설비로 구성된 익명의 투자조합을 이용하여, 1만 9,000명의 개인 투자자로부터 490억 엔이나 되는 자금을 조달했다고 한다. '예정기준 배당 10%, 100만 엔이 6년 뒤에는 160만 엔!'이라는 요란한 신문광고에 현혹된 사람도 많이 있을 것이다.

그런데 귀가 솔깃한 이 이야기에는 명백한 모순이 있다. 개인 투자자로부터 모은 자금으로 통신설비를 구입해 대여 사업을 함으로써 안정적인 수입을 얻는다고 말하는데, 왜 이렇게 기묘한 일을 하는지에 대한 설명이 전혀 없는 것이다. 이 세상에는 더 유리한 조건으로 설비투자를 하는 방법이 얼마든지 있을 텐데 말이다.

기업이 금융 시장에서 자금을 조달하는 수단은, 일반적으로 대출, 사채발행, 신주발행의 세 가지이다. 이 중 어떤 수단을 써도 투자조합을 만들어서 개인 투자자를 모집하는 것보다는 훨씬 효율적으로 자금을 모을 수 있다.

다음과 같은 사실을 생각해보자.

장기프라임레이트Long-term prime rate는 금융기관이 우량기업에게 적용하는 장기 대출 기준 금리로 2005년 초에는 연 1.65%였다. 한편 소프트뱅크가 2005년 5월에 프로 야구팀 혹스의 팬을 대상으로 발행한 무담보사채 '후쿠오카 소프트뱅크 혹스 본드'의 표면이율•은 연 1.41%였다. 신용등급 평가 기관인 S&P는 소프트뱅크가 해외에서 발행한 사채를 '투자부적격'인 BB⁻로 등급을 매겼으나, 저금리인 일본에서는 그래도 장기프라임레이트보다 저렴한 비용으로 자금을 조달할 수 있는 것이다(혹스 본드는 국내의 신용등급 평가 기관에서 BBB 등급을 받았다).

금융 시장이 이렇게 유리한 수단을 제공하고 있는데 헤이세이덴덴은 왜 개인 투자자에게 연 10%라는 배당을 지급하면서까지 돈을 모아야 했던가?

그 이유는 하나밖에 생각할 수 없다. 그 회사는 모든 금융기관으로부터 외면당한 것이다. 은행도 증권사도 기관 투자자도 헤이세이덴덴에 돈을 빌려준다면 돌려받지 못할 것이라고 생각했다.

금융 리터러시는 이렇게 '솔깃한 이야기'의 배후에 숨어 있는 함정을 상식과 합리적인 추론으로 간파하는 기술이다. 하지만 여기에 고도의 지식이나 특별한 정보가 필요하지는 않다.

• 액면(채권 1장마다 권면에 표시되어 있는 금액)에 대한 1년당 이자율. 채권의 표면이율이 9%라고 하면 발행자는 액면 1만 원당 1년에 900원의 이자를 지급한다는 뜻이다.

헤이세이덴덴의 몰락

일본의 민간 통신사업자였던 헤이세이덴덴은 1990년 자본금 17억 1,585만 엔으로 설립된 회사로, 2004년에는 매출 440억 엔, 순이익 10억 엔을 기록했으며 종업원 수가 1,000명에 달했다. 2003년 7월에는 일본전신회사에 기본요금을 내지 않아도 되는 최저가 유선전화서비스 'CHOKKA'를 업계 최초로 시작해 주목을 받았다. 그러나 KDDI, 일본텔레콤 등도 이와 같은 유형의 서비스를 잇달아 개시하면서 헤이세이덴덴의 계약 건수가 채산 라인인 100만 건을 크게 밑돈 약 15만 건에 그쳤다.

그때까지 헤이세이덴덴의 사업 확대를 지탱해준 것은 익명의 투자 조합에 의한 자금 조달이었다. 2005년 9월까지 1만 9,000명으로부터 490억 엔을 모았다. 이 돈을 헤이세이덴덴시스템스 등 두 개 사가 교환기 등 통신설비를 구입해 헤이세이덴덴에 빌려주고 대여료는 출자자들이 나눠 갖는 방식이었다. 결국 그동안 쏟아부운 거액의 설비투자 금액을 회수하지 못해 2005년 10월 3일 도쿄지방재판소에 민사재생법 적용을 신청했다. 2005년 9월 말 부채 총액은 약 1,200억 엔에 달했다. 유무선 융합 시대의 변화를 견디지 못하고 침몰한 것이다.

비용의식

자신이 투자자로서 적성이 맞는지는 간단한 방법으로 알 수 있다.

복권 당첨으로 억만장자가 되는 꿈을 꾸거나 경마나 경륜으로 먹고 살려고 생각하는 사람은 투자 행위를 하지 않는 편이 좋다(게임으로 즐기는 정도라면 괜찮다). 투자용으로 원룸을 구입한 사람도 상당히 위험하다(고액소득자가 세금 대책으로 마련하는 것은 별개). 이런 사람은 도박에서 가장 중요한 기대치 계산을 할 수 없기 때문이다.

외화예금을 하는 사람은 투자에 대해 어느 정도 지식을 갖고 있을 수도 있지만 그래도 비용의식이 결여되어 있다고 봐야 한다.

외화투자 중에서 외화예금은 가장 높은 비용이 드는 수단이다. 만약 당신이 경제합리적인 투자자라면 증권사의 외환 MMF•나 외환 차익 거래인 FX마진 거래••를 선택할 것이다.

귀금속점에서 금을 사들여서 대여금고에 보관하는 사람도 있는데,

그보다는 선물중개회사에서 금에 관한 선물거래를 하는 편이 훨씬 저렴한 비용으로 동일한 효과를 얻을 수 있다.

도박 연구의 일인자인 다니오카 이치로谷岡—에 따르면, 복권 당첨 기대치가 46.4%, 경마 등 공영 경기가 75%인데 비해, 라스베이거스에서 하는 룰렛은 약 95%, 파친코는 약 97%, 바카라●●●나 크랩스 게임●●●●은 기대치가 99%에서 최대 99.9%까지 올라간다고 한다. 한 번의 승부에 큰돈을 거는 하이 롤러High roller로 불리는 도박사 중의 도박사(즉 도박 중독꾼)들이 바카라를 선호하는 이유는 게임이 재미있어서가 아니라 기대치가 높기 때문이다.

도박에서 승률을 바르게 계산할 수 없다면 도박사는 살아남을 수 없다. 이와 마찬가지로 투자 비용에 둔감한 투자자는 얼마 안 가 시장에서 퇴출당한다. 비용은 기대치를 낮출 뿐, 아무것도 낳지 못하기 때문이다.

앞서 잠깐 언급한 투자용 원룸에 대해서는 한 가지만 말하고 넘어가겠다. 투자용 원룸이 '확실하게 돈을 벌 수 있다면 그 건물을 지은 업자가 직접 투자했을 것'이라는 점만 잘 알아두면 숨겨진 리스크를 간단히 알아차릴 수 있을 것이다.

● 해외의 투자신탁회사가 공사채 등을 묶어 외화로 운영하는 투자신탁으로 매각 이익이 비과세이며 2008년 3월 말까지는 분배금에 대한 과세가 10%로 인하되어 있었다(그 이후는 예적금 이자와 같은 20%).
●● 외환을 개인이 직접 거래하는 것으로, 금융회사에 맡긴 마진(증거금)의 최고 50배까지 인터넷(HTS)을 통해 외화를 사고 팔 수 있는 장외 소매외환 거래를 말한다.
●●● 카드 게임의 일종.
●●●● 2개의 주사위를 이용한 확률 게임.

　외환 MMF는 외화예금과 거의 동일한 상품이지만 환매 수수료가 절반 정도에 그친다(외화예금보다 금리도 좀 더 높다). FX마진 거래는 환매 수수료가 5~10전으로 매우 저렴하지만 매매 단위는 보통 1만 달러부터 시작한다. 매도이익과 금리(스왑 금리), 잡소득으로서 과세 대상이 되므로 소득세율이 높은 사람에게는 불리하다. 무엇이 더 효율적인지는 경우에 따라 다르지만 둘 다 외화예금보다 훨씬 낫다.

　선물거래에 편견을 가진 사람들이 많은데(지금까지 업계가 한 일을 생각하면 당연한 일일 수도 있다), 투자를 위한 도구라고 생각하면 주식관련 선물, 통화 선물, 일반상품 선물 등은 기관 투자자 정도의 비용으로 시장에 접근할 수 있다는 우수한 장점이 있다. 이것을 잘 이용할 수 있을지는 본인에게 달려 있다(선물의 구조를 잘 모르는 사람은 시도하지 않는 편이 좋다).

은행의
의심스러운 캠페인

금융 시장에 유통되는 주식과 채권을 '원자산'이라고 부르는 경우가 있다. 이것은 주식과 채권을 참치나 방어 같은 횟감으로 보는 것이다. 슈퍼마켓은 수산물 시장에서 들여온 생선들을 그대로 내놓지 않고 깨끗하게 손질한 다음 '모듬회 세트'로 포장해서 진열한다. 이와 마찬가지로 금융기관은 시장에서 매입한 원자산을 조합하여 투자자에게 맞는 '금융상품 패키지'로 판매하고 있다.

집 근처에 있는 은행이 일제히 신규 고객을 모집하는 캠페인을 벌이고 있다고 가정해보자. 예를 들면 이런 식이다.

A은행 : 100만 엔을 정기예금에 넣고 아는 사람을 1명 소개한다. 그 사람이 100만 엔의 정기예금을 만들면, 두 사람에게 1만 엔이 지급된다.

B은행 : 인기 투자신탁을 100만 엔어치 구입하면 100만 엔의 정기

예금에 연이율 1%(1만 엔)의 추가 금리가 붙는다.

C은행 : 100만 엔어치 외화예금을 하면 100만 엔의 정기예금에 연이율 1%의 추가금리가 붙는다.

D은행 : 연이율 1%의 5년 만기 정기예금 캠페인 중. 단, 은행의 판단에 따라 만기가 10년으로 연장되는 특약이 붙어 있다.

E은행 : 이름도 성도 들어본 적 없는 은행이지만 정기예금 금리가 이유 없이 항상 높다.

만약 당신에게 100만 엔이 있다면 어느 은행을 이용하겠는가?

2006년 2월, 1년 만기의 국채 이율은 0.1% 정도이므로 연이율 1%의 정기예금은 상당히 유리한 조건이다. 누군가가 이득을 얻으면 누군가는 손해를 본다. 금융 리터러시가 있는 사람은 이 원칙을 알고 있으므로 이렇게 생각할 것이다.

"그렇다면 손해는 누가 보는 거지?"

그리고 그는 다단계 판매식으로 상품을 파는 A은행이나 누가 봐도 수상쩍은 E은행을 선택하고, 규모가 있는 B, C, D 은행에는 눈길도 주지 않을 것이다.

A은행의 조건은 100만 엔을 정기예금에 넣고 아는 사람에게도 동일한 정기예금을 만들게 하는 것이다. 그 이외의 조건이 전혀 없다면 두 사람에게 지급되는 1만 엔은 신규계좌를 획득하기 위한 광고비(캠페인 비용)가 된다. 1년 뒤, 고객이 예금을 해약한다면 은행은 손해를

보지만 그래도 그 중 몇 %는 고객으로 남을 것이라는 계산이다.

캠페인에 따라 가벼운 마음으로 100만 엔을 예금할 뿐 아니라 부모형제나 지인에게도 고액의 정기예금 개설을 권유할 수 있는 사람은 장기적으로 우량고객이 될 가능성이 높다. 캠페인의 참가 금액을 인상하는 것은 세련된 형태로 고객을 선별하는 방법이다.

그러면 상식을 벗어난 우대금리를 제시하는 무명의 E은행은 어떨까?

은행 업무는 어느 곳이나 동일하므로 그 은행만 유독 수익을 낸다고 생각하기는 어렵다. 그렇다면 E은행은 예금을 모으기 위해 위험 부담이 높은 일을 할 가능성이 높다. 하지만 일본에서 은행업 면허를 받았으니 1인당 1,000만 엔까지의 원금과 이자는 예금보험에 의해 보장받을 수 있다. 설령 영업정지에 이른다 해도 그 손실은 돌고 돌아 국민의 세금으로 메워질 것이다(다만, 영업정지를 당한 후 자금을 회수하는 데 드는 수고와 시간을 생각하면 연이율 1%로는 채산이 맞지 않을 가능성도 있다).

뜯어먹기가 목적인 상품

그러면 나머지 세 은행의 캠페인은 왜 손해일까?

B은행은 캠페인예금과 펀드(투자신탁)를 세트로 판매하고 있다. 표준적인 주식펀드의 경우, 금융기관은 운용 회사에게 3% 정도의 판매 보수와 연간 0.5% 정도의 대리점 보수를 받을 수 있다. 그렇다면 정기예금과 투자신탁을 한데 묶어서 판매함으로써 3%의 판매 보수(이익)에서 연이율 1%의 추가금리(비용)를 차감한 2%가 금융기관의 수익이 된다. 고객은 자신의 캠페인 비용을 스스로 지불하는 것이다.•

C은행은 캠페인예금과 외화예금을 세트로 판매하고 있다. 엔화를 달러로 환전할 때 대부분의 은행은 1달러당 1엔의 환전 수수료를 징수한다. 1달러가 120엔이라고 가정하면 수수료율은 0.83%(1엔/120

• 한국의 경우, 국내 주식형 펀드의 운용 보수는 펀드 순자산 총액의 연 0.666%이고, 판매 보수는 연 1.265% 이다. 이 외에도 투자자금을 대신 맡아주는 수탁회사에는 연 0.035%, 기준가 계산 등 운용사를 도와주는 일반 사무관리 회사에는 연 0.023%의 비용을 지불해야 한다.

엔)이다. 이것은 금융기관의 수입이므로 연이율 1%의 추가 금리를 제공한다고 하더라도 그들의 실질 부담금은 차액인 0.17%(1% - 0.83%)가 되어 손실이 거의 상쇄된다.

그러나 속임수는 그뿐만이 아니다. 외화예금은 최종적으로는 엔화로 다시 환전하지 않으면 국내에서 사용할 수 없다. 환전 비용은 환율에 따라서 달라지지만 만약 같은 1달러가 120엔이라면 금융기관은 왕복 수수료 1.66%의 환전 수수료를 고객에게 징수할 수 있다. 캠페인 예금의 금리는 1%이므로 차익인 0.66%가 C은행의 수익이 된다. 이 경우에도 캠페인 비용은 전부 고객이 부담하는 것이다.

그에 비해 D은행의 정기예금은 좀 더 교묘하게 설계되어 있다. 그 상품의 특성은 다음과 같다.

1) 연이율 1%의 5년 만기 정기예금
2) 단, 금융기관의 판단에 의해 만기가 10년으로 연장될 수도 있다.

이와 동일한 성질을 가진 채권을 '상환조건부 채권Callable bond'이라고 하는데, 일반적으로는 앞뒤가 뒤바뀐 순서로 설명한다.

1) 연이율 1%의 10년 만기 채권
2) 단, 5년째에 조기상환조항callable이 붙어 있다.

여기에 D은행의 홍보담당자의 독창성이 발휘되어 있다. 다시 말해 이 상품의 실체는 '10년 만기 중도해약불가'인 정기예금인 것이다. 게다가 은행 측은 5년째에 일방적으로 조기상환할 수 있는 권리를 갖고 있다. 하지만 이렇게 솔직하게 말하면 아무도 돈을 맡기지 않을 것이므로 이야기의 순서를 바꿔서 마치 매력적인 금융상품인 양 포장한 것이다.

5년 뒤에도 현재와 같은 저금리가 지속된다면 연이율 1%의 예금은 은행 입장에서는 손해(고객에게는 이득)이므로 D은행은 조기상환 권리를 행사하여 계약을 강제로 해약한다. 반대로 금리가 상승해서 연이율 3%나 5%가 되어 있다면, 1%밖에 이자가 붙지 않는 정기예금은 은행에게 이득(고객에게는 손실)이므로 예금을 해약하지 않고 유지할 것이다.

이 예금의 핵심은 어떤 방향으로 일이 진행되든 은행에게 유리하고 고객에게 불리한 구조로 만들어져 있다는 점이다. 그 대가로 고객은 연이율 1%라는 보너스 금리를 받는다. 이 '고금리의 5년 만기 정기예금'에 돈을 맡긴 사람은 자신이 파생상품 거래를 하고 있다는 점을 꿈에도 생각하지 못했으리라.

일본은 참 이상한 나라이다. 신용과 품격을 중시한다는 시중은행이 너도 나도 이렇게 사기성 짙은 금융상품을 판매하고 있다. 그 상품들의 공통점은 '소비자에게 아무런 이점이 없다'는 것이다. 요컨대 뜯어먹기만을 목적으로 설계되어 있다.

원금보존형 펀드의 정체

개인 고객을 상대로 장사를 하는 증권사가 수익을 올리려면 근본적으로 두 가지 방법밖에 없다. 투자자가 금융 시장에 접근할 수 있게 하는 중개 업무와 금융상품 패키지 판매 업무가 그것이다. 저렴한 수수료를 내세우는 온라인 증권사의 등장으로 기존의 금융기관은 주식과 채권 등의 매매 수수료에서 이익을 내기가 어려워졌다. 그 결과, 고객에게서 상식을 벗어난 수수료를 뜯어내는 패키지 상품 개발에 혈안이 되었다. 그들 또한 살아야 하기 때문이다.

이렇게 해서 금융상품은 더욱 '고도화'된다.

원금보존형 펀드는 "운용시 손실을 봐도 원금은 보장됩니다. 운용에 성공하면 그만큼 이익을 얹어서 드립니다."라는 유형의 상품으로, "돈은 벌고 싶지만 손해가 나는 건 싫다."는 약간은 뻔뻔한 투자자에게 무척 좋은 반응을 얻고 있다.

이 펀드의 구조는 아주 단순하다. 예를 들면 '신탁 기간 5년, 달러

원금보존형 펀드'의 경우, 운용 자금 중 80%로는 5년 만기 할인미국채(연이율 4.56%)를 매입하여 만기시 투자원금을 확보한 후, 나머지 20%로 주식과 선물 등 위험한 자산에 투자하여 공격적으로 운용한다. 운용에 성공하건 실패하건 5년 뒤에 할인채는 액면 가격으로 상환되므로 원금을 그걸로 변제할 수 있다.

원금보존형 펀드의 아이디어는 '황금과 구리를 조합하면 전체를 황금이라고 구워삶을 수 있다'는 점을 깨달은 데서 나왔다. 증권사에 채권을 맡겨도 아주 약간의 보관료가 들 뿐이다(무료인 경우도 있다). 한편 주식형 펀드를 구입하면 운용 자금에 대해 연 1.55% 정도의 신탁 보수가 징수된다. 그렇다면 자산의 대부분을 채권으로 보유하는 원금보존형 펀드의 경우, 신탁 보수는 연 0.3%(1.5%×20%) 정도면 충분하다는 말이다. 하지만 놀랍게도 이 펀드들은 하나같이 모든 운용 자금 금액에 대해(즉 운용하지 않는 80%까지 포함하여) 주식형 펀드와 같거나 그보다 더 비싼 신탁 보수를 고객에게 청구하고 있다.

금융기관이 이런 식으로 원금보존형 펀드를 팔고 싶어 하는 까닭은 비용의식이 희미한 투자자가 걸려들기 쉽고, 보통 상품보다 몇 배나 비싼 수수료를 떼어갈 수 있으며, 그 상품의 내용을 여간해서는 들키지 않기 때문이다. 이것이야말로 구리를 황금으로 바꾸는 연금술이다.

한국의 펀드 비용 분석

2009년 10월 28일, 한국투자자교육재단의 '펀드 비용 분석' 보고서에 따르면 일반주식형, 주식인덱스형, 주식혼합형, 채권혼합형, 채권형 등 기본 유형의 국내외펀드 3,395개의 전체 평균 비용은 2.491%였다 (2009년 4월 말 기준).

전체 비용 중 세부항목별 비중은 판매 보수와 운용 보수를 합한 신탁 보수가 65.2%로 가장 높았고, 매매중개 수수료는 15%, 판매 수수료는 9.5%, 기타 비용은 10.3%로 뒤를 이었다.

국내외 펀드를 나누면 국내 펀드의 전체 비용은 2.404%였고, 해외 펀드는 3.246%였다.

높은 수익을 보장한다는
헤지 펀드

헤지 펀드 Hedge Fund 는 금융 기술의 틀을 이용해 주가가 하락해도 '절대적 이익'을 거둔다는 금융상품이다.

거품경제가 붕괴된 후인 1990년대 후반과 IT거품이 터진 2000년대 초에 주식형 펀드는 괴멸상태였다. 금융기관은 개인 투자자에게 판매할 상품이 없어졌다. 그때 가뭄에 내리는 단비처럼 등장한 것이 헤지 펀드이다. 주식 시장에 투자 기법은 다양하지만 '잘은 모르겠지만 어쩐지 수익이 날 것 같은데.'라고 생각하게 만드는 기술은 전부 초일류급이다.

헤지 펀드는 원래 최소 투자액이 100만 달러 이상인 부유한 투자자를 대상으로 한 상품이었으나, 그 뒤 우후죽순으로 상품들이 쏟아져 나와 1계약당 5만 달러(약 600만 엔) 규모로 개별 판매하는 곳도 생겼다. 금융기관 중에도 시류에 편승해 각종 헤지 펀드를 조합한 패키지 상품을 1계약당 10만 엔으로 판매하는 곳이 생겨나, 지금은 아무엇도 모르는 어르신들까지 헤지 펀드에 투자하는 시대가 되었다.

물론 나는 헤지 펀드를 나쁘게 보지는 않는다. 조지 소로스가 예전처럼 운용을 해준다면 기꺼이 자금을 맡기리라(조지 소로스가 거절하겠지만). 그러나 최근에 생긴 어중이떠중이 같은 헤지 펀드에는 전혀 흥미가 없다.

헤지 펀드가 내세우는 문구는 운용 담당자가 자기 자금을 갹출하고 있다는 것이다. 그러니 투자자와 운용 담당자는 같은 위험을 안고 있다는 아름다운 이야기이다. 그런데 이 이야기는 진짜일까?

내가 경제합리적인 펀드매니저였다면 제일 먼저 나의 손해를 투자자에게 넘겨주고 투자자의 이익을 나의 주머니에 챙길 것이다. 그리고 감사법인을 속이고 이익이 나는 것처럼 보이게 한 다음, 요란한 선전 문구를 동원한다. 이때 욕심에 눈이 먼 투자자가 걸려들면 땅 짚고 헤엄치는 식으로 얼마든지 돈을 벌 수 있다. 직원 몇 명이 운용하는 작은 회사라면 이런 회계 조작은 식은 죽 먹기처럼 쉽다.

대규모 금융기관이 운영하는 헤지 펀드라면 괜찮지 않을까? 그렇게 쉽게 안심하면 안 된다.

헤지 펀드는 성공보수제이며 플러스 운용 실적에 대해 통상적으로 20%라는 높은 보수가 고객에게 청구된다. 여기서 핵심은 그 이익이 실현되지 않아도 된다는 점이다.

내가 만약 금융기관의 헤지 펀드매니저이고 보너스 100억 엔을 받고 싶다면 유동성이 낮은 중소형 주식을 마구 사들일 것이다(미리 말해두는데, 현실적으로 유사한 사례가 있다 해도 그것은 단순한 우연이다).
시장에 유통되는 주식의 수가 적고 개인 투자자가 주체인 시장에 거
액의 자금을 운용하는 펀드가 들어오면 주식 시장은 즉시 '연못 속의
고래'처럼 주가가 폭등한다(고래가 연못에 들어와 물이 넘쳐날 것이다).
모든 종목이 최고가가 된 시점에서 보너스 금액을 평가받으면 헤지
펀드매니저는 고용 계약에 따라 막대한 성공 보수를 받을 수 있다.

문제는 고래를 연못에서 끌어내는 일이다. 대부분의 주식은 자신
이 갖고 있으므로 그 주식을 팔면 팔수록 주가는 하락한다.

이런 '슈퍼 펀드'•는 언뜻 보면 엄청난 수익을 내고 있는 듯이 보
이지만 상환 기간이 도래할 때까지 그 수익률을 유지할 수 있을지는
지극히 의심스럽다. 그래도 일단 챙긴 보너스를 반환할 필요는 없기
때문에 펀드매니저에게는 무척 유리한 거래이다. 운용 회사 입장에
서도 보수는 고객이 지불하니까 한 푼도 손해볼 일이 없으며, 언론이
요란하게 떠들수록 홍보 효과를 톡톡히 누린다. 투자자는 크게 손실
을 볼 가능성이 높지만 그건 꽤 시간이 지난 후의 일이다. 그때는 지
금의 일을 아무도 기억하지 못할 것이다.

헤지 펀드는 참으로 교묘하게 설계된 상품이다. 그래서 나는 운용
회사는 해보고 싶지만 거기에 투자할 마음은 전혀 없다.

• 설정액 1조 원이 넘는 펀드.

월지급식 펀드의 함정

월지급식 펀드는 금융업계의 파격적인 히트 상품이다. 이 상품이 내세우는 점은 연금 대신 매달 분배금을 지급한다는 점이다. 상품 구조를 살펴보면 이 펀드가 얼마나 훌륭한 상품인지 알 수 있어서 감동적이기까지 하다.

월지급식 펀드는 고금리의 외국 채권에 투자한다. 채권에서 정기적인 이자가 나오므로 그것을 그대로 투자자에게 분배금으로 지급한다면 이건 그냥 채권 펀드이다. 월지급식 펀드가 인기를 끄는 이유는 그보다 더 많은 분배금(예를 들면 연이율 5%)을 마법처럼 창출하기 때문이다.

이 시점에서 사람들은 먹잇감이 될 것인지 아닌지의 갈림길에 서게 된다. 먹잇감이 될 사람들은 "진짜야? 대단한데. 어디서 파는지 당장 알려줘!"라며 감탄할 것이다. 하지만 좀 더 생각이 있는 사람이라면 "그 분배금은 어떻게 지급되는데?"라고 의문을 품을 것이다.

채권 이자보다 더 높은 분배금을 지급하려면 채권 본체를 매각할 수밖에 없다. 채권 자체에 수익이 있으면 별개지만, 그렇지 않다면 자신의 자산을 갉아먹게 된다. 문어가 자기 다리를 전부 먹어치웠더니 몸통밖에 남아 있지 않더라는 격이다.

은행에 100만 엔을 맡겼을 때 매년 2만 엔(연이율 2%)의 이자가 붙는다고 하자. 당신이 1년에 2만 엔씩 받는다면 원금은 계속 100만 엔인 채로 남아 있다. 그런데 '연금 대신'에 5만 엔(연이율 5%)의 분배금을 받으면 이자는 2만 엔밖에 없으므로 나머지 3만 엔은 원금에서 나가게 된다. 이 경우 2만 엔의 이자에는 20%의 세금이 부과되지만, 3만 엔의 원금은 세금 없이 인출된다. 당연하다. 장롱에 숨겨둔 돈을 자기 지갑에 넣는 것과 마찬가지이니까.

그런데 펀드 분배금에 대해서는 일률적으로 10%•의 세금이 붙게 되어 있다. 앞에서 나온 예를 보면, 이자 2만 엔뿐 아니라 원금을 인출한 3만 엔에도 세금이 부과된다. 마치 내 돈을 오른손에서 왼손으로 옮겼을 뿐인데 나라에 세금을 납부하는 격이다.

나는 여기서 월지급식 펀드가 금융상품으로서 문제가 있다고 주장하는 것은 아니다. 현행 세제에 비추어볼 때, 원금을 갉아먹으며 분배하는 펀드는 투자자가 스스로 추가 세금을 납부하는 데에만 의의가 있다는 점을 지적할 뿐이다.

심각한 재정적자에 허덕이고 있는 국가를 조금이라도 돕자는 의미

• 2008년 4월 이후에는 20%로 높아졌다.

에서 신속하게 세금을 내는 고상한 투자자가 있다는 것은 훌륭한 일이다. 그들이 자신의 선행을 전혀 알지 못한다고 하더라도 우리는 그들의 애국심을 잊지 말아야 할 것이다.

한국의 월지급식 펀드

한국에서 월지급식 펀드는 2010년부터 베이비부머세대의 은퇴가 본격화되면서 매월 안정적인 현금흐름을 만들 수 있는 연금 대안형 상품으로 인기를 끌었다.

이 펀드는 일정액 이상의 목돈을 맡기고 매월 0.5~0.7% 정도의 분배금을 지급받는 상품이다. 최소 가입금액은 100만 원이며 거치식만 가능하고 세금은 일반 펀드와 같다. 이 펀드에 1억을 투자하고, 지급률을 0.7%로 정하면 매월 70만 원이 지급된다.

그러나 월평균 수익률이 목표 수익률에 미치지 못하면 결국 원금에서 분배금을 지급할 수밖에 없다. 매월 원금의 0.7%를 지급받을 경우, 매년 8% 이상의 수익이 나야 원금이 보존된다. 마이너스 성과를 낸 달에는 원금에서 분배금을 지급해 투자원금이 감소하게 된다.

한국의 경우, 2011년 4,000억 원이 넘는 뭉칫돈을 끌어모으며 펀드 시장의 최대 히트 상품으로 떠올랐지만, 두 달 이상 운용된 월지급식 펀드(설정액 10억 원 이상)의 2011년 1월에서 6월까지의 월별 수익률을 분석한 결과, 14개 펀드 가운데 월평균 0.5% 이상의 수익을 낸 상품은 4개에 불과했고, 10곳 중 7곳이 제대로 수익을 내지 못해 투자원금에서 월분배금을 지급하고 있는 것으로 나타났다.

사랑이라는 이름으로 위선을 파는 사람들

생명보험사에 대해 간단히 언급하겠다. 그들은 '가족의 사랑'을 제공한다고 떠들어대며 '뜯어먹기'식 상품을 대량으로 판매하는 기괴한 장사에 정통하다.

먼저, 생명보험의 설계구조를 보면 복권과 동일하다. 유일하게 다른 점은 복권은 당첨되면 기쁘지만, 보험금이 지급되는 경우는 사망하거나 질병에 걸리는 등 불행한 우연에 맞닥뜨렸을 때이므로 기쁨을 주지는 못한다는 것이다. 여기서는 그 점을 좀 더 알기 쉽게 '불행의 복권'이라고 부르자.

대형 생명보험사가 보험금 부당지급으로 영업정지 명령을 받는 일이 있는데 사실 놀랄 만한 일도 아니다. 복권 당첨자에게 상금을 지급하지 않으면 그만큼 판매자는 이익이다. 사망한 사람이나 병에 걸린 사람에게 보험금을 지급하지 않으면 보험회사의 이익은 늘어난다. 이윤을 추구하는 이상, 보험금을 지급하지 않는 것은 지극히 자연스러운 행동이다.

기업과 고객과의 이 상반되는 이해관계를 시장은 자유경쟁으로 해결해왔다. 불량품을 고가로 팔면 일시적으로 돈을 벌겠지만 결국은 경쟁사에 의해 도태된다. 그러나 각종 규제로 보호를 받는 보험업계에서는 자유경쟁보다 업계의 질서가 우선시되기 때문에 고객을 속여서 갈취하는 수법이 아직도 판을 치고 있다.

보험회사가 판매하는 불행의 복권은 아주 적은 판돈으로 큰 상금이 지급되는 대신, 거의 모든 사람이 '꽝'을 뽑는 특수한 상품이다. 그런 특성을 효과적으로 활용할 수 있는 사람은 그렇게 많지 않다. 적어도 독신이나 아이가 없는 부부, 고령자나 충분한 자산이 있는 사람들에게는 사망시 지급되는 보험금이 아무 의미가 없으며 판돈을 낭비하는 것뿐이다.

대중에게 그 사실이 널리 인지되자 보험 상품은 무서운 속도로 복잡하게 진화했다. 대표적인 상품으로는 생명보험에 투자신탁을 조합한 변액보험이 있다.

원래 보험(불행의 복권을 사는 것)과 투자(금융 시장의 리스크와 내기를 하는 것)는 완전히 별개의 것이며, 이 둘을 조합하는 데 경제합리적인 이유는 없다. 무와 연필을 세트로 판매하는 것과 다를 바가 없다.

그런데 보험회사는 투자 상품보다 보험이 세제상 유리하다는 점을 내세워 이 생뚱맞은 세트 상품을 팔려고 한다. 물론, 그렇게 해서 고객이 제도상의 이점을 누릴 수 있다면 문제는 없다. 그러나 그 속을 들여다보면, 일부 부유층이 상속세에 대한 대책으로 이점을 활용할 뿐이며 나머지 다른 고객은 의미 없는 보험에 반강제적으로 가입될 뿐 아니라 값비싼 비용을 청구당하고 있을 뿐이다.

보험은 인생의 리스크를 관리하는 데 무척 유용한 금융상품이다. 그러나 미안하지만 나는 '사랑'이라는 이름으로 '위선'을 파는 사람들과 자진해서 친해지고 싶지는 않다.

먹잇감은 어디선가 몰려든다

당신 주변에도 몰상식한 사람이 몇 명은 있지 않은가? 그런 사람들과는 절대 마주치지 않는 것이 스트레스 없는 나날을 보내는 제일의 비법이다. 마찬가지로 이 세상에는 금융 리터러시가 결여되어 있는 사람이 일정한 비율로 존재한다. 금융기관이 수익을 낼 기회는 그런 사람들을 얼마나 많이 만나는가에 달려 있다.

한 상품선물 회사의 사장이 체포된 적이 있다. 이 회사의 비즈니스 모델은 무지한 고객을 속여서 조직적으로 돈을 우려먹고 분쟁이 일어나면 뒷돈으로 처리하여 문제 건수를 실제보다 적게 신고함으로써 선물거래업 면허를 유지하는 것이었다. 그렇게 해서 연간 150억 엔에 가까운 영업수익을 올렸다니 '뜯어먹기'가 얼마나 실속 있는 비즈니스인지 알 수 있다. 이런 수법이 없어지지 않는 것은 추락할 위험도 있지만 그에 걸맞은 수익을 얻을 수 있기 때문이다.

금융기관은 '투자자 교육'의 필요성을 외친다. 하지만 그들은 정말로 중요한 점은 가르쳐주지 않는다. 연못에 물고기가 없어지면 낚시를 할 수 없듯이 먹잇감이 없어지면 수익을 낼 수 없기 때문이다.

금융상품의 구조를 이해하기란 그렇게 어렵지 않다. 인터넷과 전문서적에 관련 정보가 넘친다. 조금만 노력하면 누구든지 지식을 얻을 수 있다.

문제는 자신이 무지하다는 자각이 없는 것도 모자라 자신의 판단이 옳다고 믿는 사람들이다. 그들은 최고의 먹잇감 노릇을 하다가 끝내는 빈털터리 신세로 시장에서 퇴출당하지만, 신기하게도 어디선가 다른 먹잇감들이 시장에 몰려든다.

나는 금융기관이 수익 확대를 지향하는 것을 비판하는 게 아니다. 어떤 비즈니스라도 서비스에 대해 정당한 보수를 받는 것은 당연한 일이다. 개인 투자자는 금융기관을 이용하지 않으면 금융 시장에 접근할 수 없다.

금융 시장은 인생을 풍요롭게 만드는 기회를 우리에게 제공한다. 모든 사람은 퇴직 후에는 투자자로서 살아갈 수밖에 없다. 그때가 되었을 때를 대비해 기억해둬야 할 점이 있다.

투자는 우연성에 좌우되는 게임이며 확실하게 돈을 버는 방법 따위는 그 어디에도 존재하지 않는다. 그러나 확실하게 손실을 입는 방법이라면 얼마든지 있다.

금융 리터러시는 투자자가 자신을 지킬 수 있는 최대의, 그리고 유일한 무기이다.

9장

최적의 **자산 배분법**

확대되는 시장과 축소되는 시장

이 책은 주식 시장이라는 바다를 향해 노를 저어가려는 개인 투자자가 증권사가 주최하는 무료 세미나에 참석하거나, 세상에 넘쳐나는 주식 입문서나 금융 잡지를 읽기 전에 알아두어야 할 기초 지식을 정리한 책이다. 그러므로 이 장은 군더더기일 수도 있다. 여기서부터는 독자 자신이 스스로 결정해야 하는 일이기 때문이다.

하지만 그것도 좀 불친절한 것 같으니, 내가 생각하는 '생초보를 위한 투자법'을 간단하게 소개하겠다.

자산3분법은 자산을 예금(채권), 주식, 부동산으로 배분하라는 오래된 공식을 말한다. 재무이론상으로도 개별 종목을 선택하는 '전술'적 문제보다는 자산 전체를 어떻게 배분하는가에 관한 '전략'적 사고가 운용 실적에 큰 영향을 미친다는 사실이 밝혀졌다. 자산 운용의 성패는 80%가 '자산 배분Asset allocation'을 어떻게 하는가에 달려 있다.

미국 시장에서 가장 거래량이 많은 종목에 속하는 스파이더스SPY

는 미국의 주요 기업 500개사의 주가를 지수화한 S&P500인덱스를 ETF^{Exchange Traded Fund:상장지수 펀드}로 만든 상품이다. 1990년 초에 스파이더스 같은 인덱스 펀드를 1만 달러에 매입했을 때 10년 뒤인 2000년 1월에는 그 금액이 4만 2,000달러로 불어났다(연이율 15.4%). 그 뒤 IT 거품 붕괴로 주가가 하락하기는 했지만 2006년 1월 기준으로도 3만 9,000달러(연이율 8.8%)이므로 투자자는 충분한 이익을 얻었다.

만약 1990년에 닛케이225 주가지수에 연동하는 인덱스 펀드를 100만 엔어치 샀다면, 일본이 금융위기를 겪은 1998년 말에는 자산이 약 35만 엔, IT버블 붕괴 후인 2003년 초에는 5분의 1인 약 20만 엔으로 감소했을 것이다. 연이율 20%에 가까운 기세로 자산 손실이 일어난 것이다.

되돌아보면 베를린 장벽의 붕괴(구 공산주의 국가들의 자유시장 진입)라는 역사적 대전환으로 말미암아 미국 시장이 막대한 수혜를 입었고, 냉전 구조에 의존해온 일본 경제가 근본부터 흔들릴 수밖에 없었던 것에 대한 필연적인 결과였지만, 그 당시 이렇게 분석할 수 있었던 전문가는 아무도 없었다.

IT경기로 뜨겁게 달아올랐던 1990년대의 미국 시장에서는 적당한 회사의 주식을 사두면 초보자건 초등학생이건 상관없이 돈을 벌었다. 디플레이션이 진행되어 대형 금융기관이 연달아 파산한 1990년대의 일본 시장에서는 노력해서 종목을 선정해도 그 노력은 보답받지 못했다. 오히려 전 재산을 우체국 예금에 넣어두고 아무것도 하지 않은 보통 사람들이 물가가 하락하는 만큼 자산 가치를 불릴 수 있었다.

따라서 1990년대에 성공한 투자자는 종목 분석의 프로나 주식 정보에 밝은 세미프로가 아닌, 아무 생각 없이(어쩌다 한 번) 미국 주식 펀드를 샀거나 자산을 현금이나 예적금으로 미련하게 끌어안고 있던 초보자들임을 알 수 있다. 아무리 전술적으로 올바르다고 해도 전제 전략이 틀렸다면 패배는 처음부터 정해져 있다.

최대의 자산은 당신 자신이다

자산 배분은 각자의 모든 자산을 시가로 평가하는 일에서부터 시작된다. 그런데 신기하게도 대부분의 투자 참고서는 가장 중요한 이 과정을 무시하고 다짜고짜 '주식과 채권의 최적 보유 비율' 같은 이야기부터 한다. 마치 아무도 다른 자산을 갖고 있지 않은 것처럼 말이다. 이거 왠지 좀 이상하지 않은가?

세계에서 가장 인건비가 높은 나라에서 사는 일본인에게 최대의 자산은 자기 자신이다. 대학을 졸업하고 정년퇴직할 때까지 일하면 40년 이상 매년 수백만 엔에서 수천만 엔의 수입을 얻는다.

현금흐름이란 측면에서 보면, 직장인은 노동력을 제공하는 대신 회사에서 정기적으로 급여라는 이자를 지급받고, 정년퇴직 시 퇴직금이라는 형태로 원금이 상환되는 채권을 구입한 것과 마찬가지이다. 모든 채권은 현재가치로 환급하여 평가할 수 있으므로 당신이 보유하고 있는 '직장인 채권'도 당연히 시가로 평가할 수 있다.

평균적인 직장인의 평생의 연수입은 3억 엔에서 4억 엔이라고 한다. 입사(연수입 250만 엔)하고부터 정년퇴직(연수입 1,300만 엔)할 때까지 한 회사에서 일하며 퇴직금 3,000만 엔을 받는 표준적인 모델을 생각해보자(평생 연수입은 약 3억 엔). 그들의 현금흐름을 장기금리 1.5%로 할인하면 입사 직후인 23세 시점의 '직장인 채권'의 시가는 약 2억 엔, 40세에는 약 1억 9,000만 엔, 50세에는 약 1억 6,000만 엔이다(감가상각 비율이 낮은 이유는 나이가 들어감에 따라 수입이 올라가기 때문이다).

이렇게 간단한 계산으로도 '일하는 가치'(경제학적으로는 이것을 '인적자본'이라고 한다)가 얼마나 큰지 잘 알 수 있다. 하지만 정년퇴직 또는 구조조정으로 인해 일을 할 수 없게 되면 이 막대한 자산이 한 번에 소실된다. 인생의 경제적 측면에서 보면 계산할 수도 없을 정도로 큰 충격이다.

이삼십 대에는 전체 자산에서 차지하는 인적자본 비율이 압도적으로 높기 때문에 보통 사람 이상의 부자가 되려고 생각한다면 '나'라는 자산을 활용해 부를 생산하는 것이 거의 유일한 방법이다. "자산 운용은 젊었을 때부터 시작해야 한다."라고들 하지만 이때는 쓰고 남은 보너스를 어디에 투자할지 생각할 때가 아니다. 하지만 인적자본은 연령과 함께 감가상각되며 퇴직한 시점에서 0이 된다.

이렇게 대단한 자산을 고려하지 않은 자산 배분 이론은 그것이 아무리 치밀한 이론이라도 실질적으로는 전혀 도움이 되지 않는다.

초보자인 당신을 위해 인적자본을 포함한 자산 배분의 구체적인 사례를 몇 가지 들어보겠다.

자사주에 투자하는 것은 인적자본과 같은 리스크를 주식 시장에서도 부담하는 것이므로 그다지 추천하지 않는다. 구 야마이치증권사의 많은 직원들이 지주회에 가입하고 있었는데 야마이치증권이 파산하자 직장과 재산을 함께 잃는 비극을 겪었다. 리스크를 분산하려면 자신의 일과 다른 업종에 투자해야 한다.

공무원처럼 인적자본에서 안정적인 수입을 얻는 경우에는 투자를 할 때 높은 위험을 감수할 수 있다. 한편, 자영업이나 IT 기업에서 근무하는 경우 등 미래의 현금흐름이 불안정한 사람들은 채권같이 리스크가 적은 금융상품으로 운용하는 것이 좋다. 하지만 현실에서는 정반대로 행동하는 경우가 대부분이다.

투자는 어른이 하는 게임이다

인적자본(이 경우에는 정확히 말하면 인적자산이지만 관례에 따라서 부른다)과 더불어 보통 사람들의 자산에서 커다란 비중을 차지하는 것은 두말할 것 없이 주택이다.

1,500만 엔의 금융자산을 가진 사람이 보증금 1,000만 엔으로 5,000만 엔의 집을 사면, 5,500만 엔의 총자산을 보유한 것이 된다(금융자산 500만 엔 + 부동산 5,000만 엔). 이때, 금융자산의 비중은 9%이지만 대개는 충동적인 지출에 대비해서 유동성이 높은 예적금 형태로 보유하는 것이 보통이다. 그렇게 되면 자유롭게 운용할 수 있는 자산은 100만 엔, 잘하면 200만 엔이며 이 금액이 자산 전체에서 차지하는 비율은 2~3%에 지나지 않는다.

그런데 '자산 운용의 전문가'라고 불리는 사람들은 이 사실을 무시하고 미미한 금융자산을 어디에 투자할지에 대해서만 격론을 벌이고 있다.

주택자금 대출을 받아 집을 마련하는 것은 부동산 시장에 레버리지를 걸어 투자하는 것이므로, 주식 시장에서 추가 리스크를 부담할 합리적인 이유는 없다. 미미하게 남은 금융자산을 운용하느라 골치 썩지 말고 하루라도 빨리 주택 융자금을 조기상환하는 것이 훨씬 낫다(대출금리가 3%라면 연이율 3%의 은행예금과 동일한 운용 효과가 있다).

인생의 절반을 지나는 지점에서 인적자본은 감소하기 시작하지만 그 대신 금융자산의 비율이 올라간다.

65세에 정년퇴직을 한 뒤에는 연금과 자산 운용 이익금으로 생활할 수밖에 없다.

그때 어느 정도의 자산이 필요한지는 연금 금액이나 운용 이율, 남은 수명에 따라 사람마다 다르기 때문에 일률적으로 말할 수는 없다. 다만 평균적으로 정년 후 85세까지 20년을 더 산다고 할 때 매월 30만 엔의 생활 자금이 필요하다고 산정해보자.

이때 필요한 자금을 금융자산으로 해결하려면 얼마의 돈이 필요할까? 운용 이율이 1.5%일 때는 약 6,000만 엔, 5%라면 약 4,500만 엔의 자산을 정년퇴직 전까지 비축해둬야 한다. 자산 운용을 얼마나 잘 하느냐에 따라 퇴직 후의 필요자산이 1,500만 엔이나 차이가 나는 것이다.

자산을 형성할 때에도 자산을 소진할 때에도 운용 이율이 높으면 필요한 자금은 그만큼 적게 든다.

이렇게 인생의 전반부에서는 인적자본이, 후반부에서는 금융자산 운용 능력이 크게 영향을 끼친다.

투자란 원래 어른이 하는 게임이다.

10장

국제 분산투자의 노하우

세계 시장에 투자하라

자본주의는 자가증식하는 시스템이다. 이 운동이 지속되는 한, 장기적으로는 주식 가치가 반드시 상승한다. 이것이 재무이론의 근간이 되는 전제였다. 하지만 이것이 모든 기업의 주식이 상승하거나 모든 업종이 번영한다고 보증하는 건 아니다. 치열한 경쟁과 도태가 되풀이되면서 전체적으로 시장이 확대된다는 예측을 나타낼 뿐이다.

당연히 모든 나라의 경제가 균등하게 발전하지도 않는다. 경제이론에서 말하는 '시장'이란 미국이나 일본 등의 개별 국내 시장이 아니라 지구 전체를 통틀어 말하는 글로벌 시장이다.

'경제학적으로 가장 올바른 투자법'은 세계 시장 전체에 투자하는 것이다. 이를 '세계 시장 포트폴리오'라고 명명하자.

2005년 말, 세계 주식 시장의 시가총액은 미국 시장이 약 50%, 일본·런던·유럽 시장(유럽권)이 각각 약 15%, 기타 지역이 약 5%를 차지했다. 따라서 각 시장의 인덱스를 시가총액의 비율에 따라 보유하면 세계 시장 포트폴리오가 완성된다.

여기서 "더 괜찮은 방법이 없을까?"라고 생각하는 사람이 있을지도 모른다.

"그렇게 답답한 방법 말고 인도나 중국, 러시아처럼 앞으로 주가가 쑥쑥 올라갈 것 같은 곳에 투자하면 되지 않을까?"

물론 재무이론에 따르면 주가는 장기적으로는 경제성장률에 영향을 받는다.

1980년대까지 일본의 주가가 우상향한 배경에는 제2차 세계대전 후의 일본 경제의 고도성장이 있었다. 이후 저성장 시대에 접어들자 예전과 같은 주가 상승은 기대할 수 없게 되었다.

이런 사정은 선진국도 마찬가지이다. 1990년대가 되자 미국과 유럽의 기관 투자자들 사이에서 경제성장률이 높은 신흥국에 투자하는 기조가 주류를 이루었다.

이것은 이론적으로는 타당하지만 신흥국의 시장 규모는 아직 크지 않기 때문에 모든 사람들이 같은 생각을 하면 투자자금이 특정 지역으로만 집중되어 금방 거품이 터지고 만다. 1997년의 아시아 통화위기, 1998년의 러시아 경제위기가 그렇게 해서 발생했다(최고가의 5분의 1 수준으로 폭락한 중국 주식이 전형적인 예이며 시류만 믿고 투자한 사람들은 모두 엄청난 손해를 보았다).

자본주의의 원리는 보편적이므로 국제 분산투자도 개별 주식과 다를 바 없이 일종의 미인 콘테스트 형식으로 돌아간다. 경제성장률이 높은 나라에는 모두가 앞다퉈 투자하기 때문에 해당국들의 주가는 고평가된다. 그래서 귀찮게 생각하지 말고 세계 시장에 골고루 투자하면 된다는 이야기가 나온 것이다.

만인에게 올바른 투자법

"투자에 '절대'란 없다."가 대원칙이지만 여기서는 세계 시장 포트폴리오를 이용하여 만인에게 올바른 투자법에 대한 조언을 하고자 한다.

최근에는 확정거출연금•을 도입하는 회사가 늘어났다. 연금채무 리스크를 기업에서 개인에게 전가하는 구조인데, 회사가 도산하면 기존의 기업연금은 없어질 수도 있다는 우려를 막을 수 있고 세제 면에서 우대 조치도 받을 수 있으므로 그렇게 나쁜 이야기는 아니다.

확정거출연금에서는 주식이나 채권에 투자하는 몇 개의 투자신탁을 가입자가 선택해 매월 일정액을 적립하게 되어 있다. 이런 경우에는 제도가 가진 각종 제약으로 인해 경제합리적으로 올바른 투자법은 거의 하나로 결정된다.

주식 시장에서 우위를 점하기 위한 조건을 다시 한 번 떠올려보라.

• 일본의 확정기여형 기업연금. 일본판 401k라고도 불린다.

1) 주식 투자는 확률 게임이다.

2) 주식 시장은 대체로 효율적이지만 약간의 괴리가 발생한다.

3) 자본주의는 자가증식 시스템이므로 장기적으로는 시장이 확대되고 주가는 상승한다.

그러나 여기에는 시장의 괴리에서 이익을 얻는 길은 처음부터 배제되어 있다. 확정거출연금은 트레이딩도 워런 버핏식의 개별 주식 장기투자도 할 수 없기 때문이다. 그렇게 되면 시장의 장기적인 확대를 기대하는 것 외에 투자자가 우위를 점할 수 있는 방법은 없다.

표준적인 자산 배분 이론에서는 주식과 채권 비율이 중요하지만 여기서는 그것도 고려할 필요가 없다. 확정거출연금은 투자(적립금액) 상한선이 정해져 있다. 그 이외의 금융자산은 각자 운용하게 되는데, 대부분 예적금일 것이다. 자산 대부분이 채권(=예적금)이라면 확정거출연금으로 채권 펀드를 추가 매입하는 것은 헛된 일이다. 모든 자산은 주식과 펀드로 운용해야 한다.

이어서 운용 상품 선택의 측면을 보면, 대체로 국내 시장이나 해외 시장에 폭넓게 투자하는 펀드에서 고르게 되어 있다. 펀드 실적을 비교한 모든 조사에서 액티브 펀드의 평균적인 운용 실적이 인덱스 펀드보다 뒤떨어진다는 사실이 밝혀졌다. 따라서 통계학적으로 올바른 투자를 한다면 액티브 펀드는 처음부터 무시해도 상관없을 것이다(딱하게도 펀드매니저는 매년 원숭이와의 경쟁에서 항상 지고 있다).

투자 상품으로써 모든 공격형 펀드가 불필요하다는 뜻은 아니다. 브릭스^{BRICs}(브라질, 러시아, 인도, 중국) 등의 신흥시장이나 고수익고위험채권^{High Yield Bond}으로 분산투자할 경우, 펀드는 유력한 투자 도구가 된다. 운용회사도 그 점을 잘 알고 있기 때문에 이러한 고위험 펀드는 운용 비용이 높은 편이다.

확정기여형 기업연금제도 401k

미국의 확정기여형 기업연금제도. 401k란 명칭은 이것이 미국의 근로자 퇴직소득보장법의 401조 k항에 규정돼 있기 때문에 붙여진 이름이다. 미국 근로자의 90%는 확정기여형 퇴직연금인 401k에 가입해 있다. 401k는 근로자가 노후를 위해 임금의 일정액을 따로 떼어내 직접 주식이나 채권에 투자하는 상품이다. 미국 정부는 근로자가 401k에 넣는 자금을 과세표준에서 제외하는 등 세제 혜택을 주고 있다.

확정기여형 제도를 선택할 경우, 자신의 투자 성향에 맞게 여러 가지 방법으로 퇴직금을 불릴 수 있다는 장점이 있는 반면, 지나치게 공격적으로 운영할 경우 나중에 받는 퇴직금의 규모가 줄어들 위험이 있다.

확정기여형 기업연금을 바르게 이용하는 법

마지막으로 남은 것은 인덱스 펀드의 투자 비율이다. 일본인이라면 돈은 일본에서 쓰는 것이니 토픽스 같은 일본 주식 인덱스에 투자하는 게 좋을까? 아니면 해외 주식도 조금 보유하는 게 좋을까? 이것도 이론적으로 최적인 비율을 콕 집어서 말할 수 있다.

확정기여형 기업연금에 쓰이는 해외 주식 인덱스 펀드는 일본 시장 이외의 세계 주식에 투자하는 것이다. 세계 시장에서 차지하는 일본 주식의 시가총액은 약 15%이므로, 국내 주식 15%, 해외 주식 85%의 비율로 자산을 배분하면 누구나 세계 시장에 투자할 수 있다.

이처럼 자산 운용 수단에 갖가지 제약이 따르는 확정기여형 연금에서는 거의 한 가지 방식으로 '모든 사람에게 최적인 투자법'에 도달한다. 이것이 절대적으로 올바르다고 할 수는 없지만 적어도 최선의 선택지(그것도 아주 유력한 선택지)가 될 것이다.

지금까지 투자에 대해 생각한 적도 없었는데 어느 날 갑자기 회사가 "요즘은 뭐든지 자기가 책임지는 시대이니 스스로 정하라."고 해서 곤혹스러워하는 사람들도 많다. 회사 측도 연수회를 여는 등 투자 교육에 여념이 없어 보인다. 하지만 사실, 그렇게 할 필요가 전혀 없다. 처음부터 정답은 거의 정해져 있기 때문이다.

확정기여형 연금 도입 시에 직원에게 최선의 선택지를 제시하는 것은 3분이면 충분하다. 그 선택지에 납득이 간 사람은 투자 이야기는 잊어버리고 일에 전념할 수 있다. 다른 생각을 하고 있는 사람에게는 회사가 재무설계사 같은 사람을 소개하면 된다. 이렇게 하면 업무 생산성도 올라가고 잘 모르는 일로 고민하지 않아도 되니 양쪽 모두 '행복'하다.

몇십만 엔이나 지불하며 '금융의 프로'에게 세미나를 의뢰하는 것은 어떤 일이 발생했을 때 "우리는 할 만큼 했다."고 면피를 하기 위해서겠지만 그런 일은 돈과 시간의 낭비일 뿐이다. 권위자의 말이 필요하다고? 최선의 선택지야말로 초일류 경제학자들이 장담하는 세상에서 가장 권위 있는 투자법이다.

환리스크와 수익 가능성

지금까지의 이야기는 개인의 자산 운용에도 적용할 수 있다. 하지만 그 전에 해결해야 할 문제가 하나 있다. "자산의 85%를 해외 주식으로 운용한다고? 환율 리스크가 클 텐데 말도 안 되는 소리지."라고 말하는 사람이 분명히 있을 테니까 말이다.

외화예금이나 해외의 주식·채권 등 엔화 이외의 자산을 보유하면 엔화 가치가 높아질수록 환차손이 발생한다(반대로 엔화가 떨어지면 이익이 발생한다). 이것이 환리스크이다. 소니나 도요타 등 수출 기업도 급격한 엔고 현상으로 대폭 이익이 감소되었기 때문에 '환리스크는 무서운 것'으로 인식된다. 틀린 말은 아니지만 사실 이야기는 그렇게 단순하지 않다.

환리스크는 외환선물이나 외환예약을 이용해 거의 대부분 회피할 수 있다. 그렇다면 왜 일본을 대표하는 수출 기업이 환율 변동으로 손실을 입는 것인가?

지금 같은 저금리 시대에 달러 자산의 환리스크를 줄이려면 달러와 엔의 금리차를 항상 지불하지 않으면 안 된다. 그 결과, 환율로 손해볼 걱정은 없어지지만 금리가 높은 달러 자산이 엔화 예금 정도로 낮아져버린다. 그 때문에 기업은 통화의 일부를 일부러 매각하지 않음으로써 이익을 얻을 길을 남기려 한다.

개인의 자산 운용도 마찬가지로 '환헤지형 펀드'에 투자하면 환리스크를 부담하지 않고 해외 자산에 투자할 수 있다. 얼핏 괜찮게 들리는 이야기이지만 이 경우에는 엔이 떨어져도 환차익의 혜택을 받을 수도 없고 동일한 환율에서도 금리 차액만큼 손해를 보게 된다(개인이 외화선물로 달러를 파는 경우도 마찬가지로 달러와 엔의 금리 차이가 스왑금리로써 매일 차감된다).

환리스크를 없애면 금리 차익까지 함께 없어진다. 투자의 세계에서는 그렇게 간단히 '공짜'를 발견할 수 없다.

"난 일본에서 사니까 엔화 자산이 훨씬 중요해."

사람들 대부분은 이렇게 믿는다. 물론 우리의 일상생활은 엔화로 영위된다. 하지만 이런 지출은 보통 인적자본(노동력)에서 창출된 엔화 수입(급여)으로 감당된다. 이 현금흐름이 원활하게 돌아간다면 여유 자금으로 굴리는 장기 자산 운용이 엔이라는 통화에 속박당해야 할 이유는 없다. 수출 기업과 마찬가지로 지나치게 환리스크를 두려워하면 거기서 생기는 수익 기회를 놓치고 만다(경제학에서는 이것을 기회손실이라고 한다).

해외 투자 비율

환리스크는 짓궂은 장난꾸러기 요정과 비슷해서 이론적으로는 존재하지 않는데도 때때로 커다란 재앙(또는 이익)을 투자자에게 안겨준다.

이론상으로 환율은 각국의 물가 수준(구매력평가)으로 결정된다. 상대적으로 물가가 높은 곳에서의 통화 가치가 낮아지는데, 생각해보면 당연한 이야기이다. 재화의 가격이 상승했는데 통화 가치가 변하지 않는다면 해외에서 더 싼 상품을 수입하여 얼마든지 수익을 낼 수 있다. 이런 논리로 보면 상대적으로 고금리인 통화는 낮아지기 때문에 어느 통화로 운용하든 장기적으로는 손해도 이익도 발생하지 않는다.

고금리 외화예금에 돈을 맡겨도 엔고가 되면 환차손 때문에 엔화로 맡긴 것과 별 차이가 없어진다. 반대로 금리가 낮은 통화를 보유하고 있어도 환율이 상승하면 거기서 이익(환차익)이 발생한다.

하지만 현실의 외화 시장은 이 이론대로만 움직이지는 않는다. 1973년 변동환율제도로 이행한 뒤 1달러가 80엔대를 돌파한 1995년의 엔고 시대까지 20년 이상 엔화는 지속적으로 상승했다. 그런데 그 이후에는 일본은행이 극단적인 저금리 정책을 펼쳤는데도 불구하고 엔화가 떨어졌고, 1998년 8월에는 140엔대를 크게 밑돌았다. 그 후에도 1달러가 100~130엔에서 왔다 갔다 하고 있으니, 그동안 달러 자산을 보유한 투자자들은 대부분 금리 차이로 인한 수혜를 입었다고 할 수 있다.

환율은 장기적으로는 각국의 물가 수준의 차이에 의해 결정된다. 단기적으로는 환율변동으로 이익이나 손실이 생긴다. 그렇다면 장기 자산 운용에서 환리스크를 피하는 것은 엔고 현상이 지속될 것이라고 예상한다는 의미이다. 개인 입장에서는 엔화나 외화에 상관없이 최적인 자산을 보유해야 한다.

미국의 개인 투자자는 재무 전문가로부터 "주식의 반은 해외 시장에 투자하십시오."라는 조언을 받는다. 일본에서 개인의 해외 자산 보유 비율은 고작 2% 정도이다. 그래서 일본인도 더 적극적으로 외화투자에 나서야 한다는 말을 듣는다. 그러면 외화 자산을 어느 정도로 보유하면 좋을까? 적어도 10%, 아니면 미국처럼 50% 정도가 적당할까?

무슨 근거로 그러는지 모르겠지만 일본의 '전문가들' 대부분이 오해하는 경향이 있는데, 해외 투자 비율은 아무렇게나 정해지는 것이 아니다. 미국 주식 시장의 시가총액은 세계 시장의 절반을 점유하고 있다. 따라서 미국의 개인 투자자는 자산의 50%를 해외 시장에 투자함으로써 세계 시장 포트폴리오를 보유할 수 있다. 그렇다면 일본의 개인 투자자가 세계 시장에 최적의 투자를 하려면 금융자산의 85%를 외화로 운용해야 한다.

미국의 자산운용이론을 금과옥조처럼 떠받드는 '전문가'들 중에서도 이렇게 과격한 주장을 하는 사람은 아무도 없다. 이론적으로 옳은 것이 많은 사람에게 수용된다는 보장은 없는 것이다.

11장

투자자의 길을 선택한 사람들을 위한 맞춤 전략

투자 전에 따져봐야 할 것들

지금까지 살펴본 주식 투자에서 대표적인 투자 기법들의 장단점을 간략하게 정리해보자.

1) 트레이딩(데이트레이딩 포함)

장점 : 중독성이 있어서 한번 빠지면 헤어나오지 못한다.

단점 : 제로섬 게임이므로 초보 참가자 대부분은 손실을 입고 퇴장한다.

2) 개별 주식 장기투자(워런 버핏식 투자법)

장점 : 자본주의의 원리에 충실하므로 가장 큰 이익을 기대할 수 있다.

단점 : 기업 조사에 시간과 노력이 든다.

3) 인덱스 투자(경제학적으로 가장 올바른 투자법)

장점 : 정말 간단한 방법이므로 고민할 필요가 없다.

단점 : 평균적 수익밖에 기대할 수 없다.

투자 기법마다 일장일단이 있는데, 주식 투자의 세계에는 각 파벌마다 원리주의자가 자리를 잡고 있어 이들은 서로 물어뜯기 바쁘다.

트레이딩파는 개별 주식 장기투자파를 우둔하다고 헐뜯고(기업 조사? 백날 해봐라. 주가가 그런 걸로 움직이나.), 인덱스파의 낮은 운용 실적을 무시한다(1년에 적어도 자금이 2배로 늘어나지 않는 건 투자라고 할 수 없지!).

장기투자파는 트레이딩파를 도박 중독이라고 경멸하며(의사한테 한번 찾아가보지 그래?), 인덱스파를 무사 안일주의라고 평가절하한다(평균점수에 안주하면 인생이 따분하지!).

그 반면 인덱스파는 데이트레이딩이나 워런 버핏 숭배자를 수학과 통계학을 모르는 무지몽매한 무리라고 단정 짓는다(이래서 바보와 상대하면 피곤하다는 거야!).

나는 이와 같은 원리주의를 부정하지는 않으나 특정 기법에 충성을 맹세할 필요도 없다고 생각한다. 투자자는 어떤 주의나 주장을 경쟁하는 사람이 아니다. 마지막에 효율적으로 더 많이 번 사람이 옳은 것이다.

자금을 어디에 투입할 것인가

당신이 투자에서 오락성을 원한다면 트레이딩이 최고의 기회를 제공할 것이다. 다만 질 확률이 높으므로 경마나 파친코에서처럼 투자금을 모조리 잃어도 괜찮은 돈으로 즐겨야 한다.

투자자로서 살아가는 길을 택했다면 워런 버핏식의 개별 주식 장기투자가 부를 창조하는 최상의 방법이다. 하지만 실제로 한다고 하면 재무분석을 기초부터 공부해야 하며, 국내 기업밖에 투자하지 못하므로, 이 방법으로 성공하려면 장기적으로 봤을 때 국내 경제가 성장해야 한다는 조건이 붙는다(이론적으로는 외국 기업의 저평가주에 투자하는 방법도 가능하지만, 현지 투자자보다 우위에 서기란 상당히 어려운 일이다. 워런 버핏조차 잘 모르는 외국 기업에는 거의 투자하지 않는다).

자영업이든 월급쟁이이든 투자 이외에 다른 일을 하면서 여유자금을 주식 시장에서 운용하려고 생각하는 사람이라면 세계 시장 포트폴리오를 추천한다. 눈이 번쩍 뜨이는 운용 실적을 기대할 수는 없지만 귀찮고 복잡한 생각을 하지 않아도 된다. 그래서 생긴 여유 시간은 일이나 취미 등 더 효과적인 일에 쓰면 된다.

'생초보 투자법'에서는 앞서 설명한 세 가지 기법의 장점과 단점을 조합하여 자기 나름대로 즐기는 법을 제안하고자 한다.

소액의 자금을 공격적으로 투자하려면 선물이나 신용거래로 레버리지를 이용하라. '또 한 명의 워런 버핏'을 목표로 삼고 뛰어난 소수의 종목을 장기간 보유하는 것도 좋다. 물론 본인의 마음가짐이나 자금 규모에 따라서 다양한 투자 기법을 선택할 수 있다. 하지만 주식 투자를 시작한 지 얼마 되지 않았고 앞으로 주식 시장을 경험하려고 하는 사람이라면 금융자산의 80%를 리스크를 메워주는 세계 시장 포트폴리오에 투자하고, 나머지 20%를 트레이딩이나 개별 주식 투자에 할당하는 것이 기본이다.

자산 운용의 기본 설계는 채권이 베이스가 된다. 2005년 2월, 일본 국채(10년 만기)의 연이율은 1.5%이므로 100만 엔을 투자하면 10년 후에는 약 116만 엔이 된다. 미국채(이것 역시 10년 만기)의 연이율은 4.7%이며 1만 달러가 10년 만에 약 1만 6,000달러로 증가한다. 이렇게만 해도 자산 운용의 목표지점에 도달할 수 있다면 전 자산을 가장 리스크가 낮은 투자 상품인 국채나 미국채(또는 이 둘을 섞어서)로 운용하면 된다. 그 이상의 이율을 원하는 사람은 주식 시장에서 리스크를 부담할 수밖에 없다.

주식과 채권의 보유 비율은 자산 배분의 첫걸음이지만 거기에 정답은 없다. 우리의 인생처럼 투자의 목적지는 스스로 결정해야 한다.

이쯤 되면 세계 시장 포트폴리오의 실적과 리스크가 얼마나 되는지 문제가 된다. 이제부터 직접 확인해보자.

일본 재무성이 제공한 2011년 9월 3일자 국채발행 자료에 따르면, 2010년 10월 17일에 발행한 '고정 3년 만기' 국채의 연이율은 0.17%(세후 0.136%), '고정 5년 만기'가 0.32%(세후 0.256%), '변동 10년 만기'가 0.72%(세후 0.576%)이다. 국채와 마찬가지로 원금보장이 되는 상품인 정기예금을 보면 대형 시중은행의 평균 연이율(1년 만기 정기예금)은 약 0.1%로 매우 낮은 편이다. 다만 인터넷 전용 은행의 경우는 약 0.35~0.4% 수준이다.

세계 시장 포트폴리오

운용 실적

MSCI 월드 인덱스는 미국의 대표적인 투자은행인 모건 스탠리가 제공하는 인덱스로 주요 선진국의 주식 시장 시가총액을 지수화한 것이다. 1987년 12월에 100포인트였는데 2006년 1월에는 325포인트까지 상승했으니 20여 년간 3배나 올라간 셈이다. 거품경제 붕괴로 인해 일본의 주가는 3분의 1까지 하락했지만 그 동안에도 세계 시장은 연 6.75%의 수준으로 성장을 거듭했다(1987년 12월의 엔달러 환율은 123.40엔이니 엔화로 환산해도 매년 약 6.5%는 된다).

1996년부터 이후 10년 동안만 봐도 IT거품과 붕괴를 겪으면서도 지수는 185포인트에서 325포인트로 약 1.8배 상승했다(연이율로 환산하면 약 5.8%). 세계 시장 포트폴리오에 투자하면 자산은 10년마다 거의 2배로 뛰어오르게 된다.

이러한 성장이 앞으로도 계속된다는 보장은 없지만 세계 시장 포트폴리오가 마이너스가 된다는 것은 세계 경제 그 자체가 축소되고 있다는 뜻이므로 데이트레이딩 등의 단기 투자를 제외한 다른 투자 기법은 실패할 가능성이 높다(이렇게 말한다고 해서 위안이 되지는 않겠지만).

리스크

다음으로 투자 리스크를 살펴보자.

세계 시장 포트폴리오로 자산 운용을 했을 경우, 월 단위로는 1998년 8월의 러시아 위기로 입었던 마이너스 14~15%의 손실이 가장 컸다. 연 단위로는 IT거품 붕괴 후인 2001년과 2002년이며, 양쪽 모두 20% 이상의 하락률을 기록했다(이듬해인 2003년에는 43.05%나 대폭 상승하여 모든 손실을 회복했다). 최대의 손실을 입는다면 일시적으로 투자자금의 20% 이상을 잃을 위험도 각오해야 한다.

금융기관은 리스크를 관리할 때 일반적으로 표준편차를 이용한다. 여기서는 자세히 설명하지 않겠지만, '표준편차의 2배를 넘는 경우는 5%의 확률에 지나지 않는다'는 편리한 특성이 있기 때문이다.

세계 시장 포트폴리오의 표준편차는 연간 기준으로 15.6%이다. 이 경우, 31.2% 이상 돈을 벌거나 손해를 보는 통계적 확률은 5%(손해 볼 확률만 생각하면 2.5%)이므로 '1년에 30% 가까운 손실이 날 가능성은 2% 정도'로 예측할 수 있다(18년 동안은 표본수가 충분한 기간은 아니므로 참고치로 생각하기 바란다).

수익과 마찬가지로 리스크 측정치도 과거의 데이터에서 추정하는 것이니 미래를 점치는 것은 아니므로 이렇게 간단한 방식으로 계산해도 별 문제는 없다. 그러나 더 정확히 예측하고 싶다면 투자가 복리로 운용된다는 점을 고려해야 한다.

다음으로, 대수정규분포를 이용하여 정확하게 계산한 '세계 시장 포트폴리오에서 10%의 손실이 발생할 리스크'를 살펴보자.

- 1년 동안 10%의 손실을 낼 확률 10.29%

- 10년 동안 누적 10%의 손실을 낼 확률 2.81%

- 수개월 평균 10%의 손실을 낼 확률 0.1% 이하

- 지금 이후 10년 동안 1년 이상 10%의 손실을 낼 확률 66.24%

‘장기투자의 구루’로 불리는 제레미 시겔^{Jeremy J. Siegel}●에 의하면 1802년부터 약 2세기 동안 미국의 소비자물가는 약 10배 상승했다. 1802년도에 당신이 미국채에 1달러를 투자했다고 하자. 그 1달러는 200년 뒤에는 1만 달러가 된다. 그런데 그해에 주식 인덱스에 투자했다고 하자. 첫 1달러는 200년 뒤 무려 750만 달러로 증가한다. 주식 투자는 아무것도 하지 않아도 거의 2세대에서 억만장자를 낳는 힘을 갖고 있다.

재무이론상에서 말하면 세계 시장 포트폴리오는 리스크 대비 리턴이 가장 높은 효율적 투자법이다. 만약 당신에게 투자 리스크를 감내할 용의가 있다면 전 자산을 주식으로 운용하는 것도 유용한 전략이라 할 수 있다.

● 미국 펜실베이니아대학 와튼스쿨의 교수 겸 주식 분석가.

생초보 투자법 대 프라이빗뱅크

프라이빗뱅크는 부유층 고객을 대상으로 각종 서비스를 제공하는 약간은 수수께끼 같은 금융기관이다. 일반 사람들도 라이브도어 사건 등으로 들어본 적이 있겠지만 부자들의 자산 운용이 그들의 본업이다. 일단 고객이 되면 최고의 자산 운용가가 금융 시장에서 최적의 투자를 대신해준다(그러기로 되어 있다). 이것이 현 시점에서 개인이 바랄 수 있는 최고의 금융 서비스일 것이다.

마지막으로 프라이빗뱅크와 우리가 하는 '생초보 투자법'을 비교해보자.

프라이빗뱅크는 고객 본인 외에는 서비스 내용을 가르쳐주지 않지만 우연한 기회에 스위스계 은행의 프라이빗뱅크 운용 데이터를 입수할 수 있었다. 이름만 대면 누구나 아는 대규모 금융기관이며 이곳의 최저 예금액은 100만 달러이다.

일임매매계좌•는 채권, 채권 및 주식 혼합형, 주식의 세 종류가 있는데, 여기서는 주식 포트폴리오와 세계 시장 포트폴리오를 비교하겠다(운용 데이터는 1991년부터 2004년 9월까지, 약 13년간이며 이를 '설정기간'으로 한다).

수익률	설정기간	10년	5년
프라이빗뱅크	5.7%	5%	−2.9%
세계 시장 포트폴리오	6.3%	5%	−1.4%

위의 표를 보면 알겠지만, 프라이빗뱅크의 일임계정은 1990년대 후반 강세장에서 적극적으로 투자를 했지만 IT거품이 터져 손실을 입었기 때문에 설정기간 13년간의 운용 성적으로는 세계 시장 포트폴리오보다 연이율 0.6%가 낮다. 1991년에 1억 엔을 이 프라이빗뱅크에 맡겼다면 2004년에는 2억 400만 엔이 되었을 것이다. 동일한 금액을 세계 시장 포트폴리오로 운용했다면 2억 1,600만 엔이 되었을 것이다. 다시 말해 '세계 최고'의 자산 운용 서비스는 인덱스 펀드로 적당히 운용하여 서비스 요금으로 1,200만 엔을 갈취한 것과 별반 다르지 않다는 소리이다. 프라이빗뱅크의 고객이 되었다는 자기만족감을 위해 연간 100만 엔에 가까운 수수료를 지불하는 것은 개인의 자유이지만, 일반적으로 이를 현명한 투자라고 하지는 않을 것이다.

● 증권회사 임직원이 고객으로부터 유가증권 매매의 종류별 · 종목별 수량과 가격의 결정을 일임받아 고객의 계산으로 매매를 하는 구좌를 말한다.

더구나 '생초보 투자법'에는 당신 자신이 자유롭게 운용하는 20%의 공격적 투자 부분이 있다. 데이트레이딩이건 개별 주식 장기투자이건 간에 여기서 시장평균 이상의 실적을 달성할 수 있다면 포트폴리오의 운용 실적은 더욱 올라간다.

이렇게 해서 생초보인 당신도 스위스의 초일류 프라이빗뱅크를 웃도는 운용 실적을 실현할 수 있다. 믿을 수 없다고 생각하는가? 하지만 이게 바로 '경제합리적'이라는 것이다.

참고로, 다른 프라이빗뱅크의 실적을 봐도 일임계정의 대부분은 인덱스 펀드 이상의 수익을 내지 못했다. 프라이빗뱅크가 특별한 운용 능력을 갖고 있다는 생각은 환상 그 이상도 그 이하도 아니다.

3^부 총정리

'생초보 투자법'은 세 가지 투자 방법을 조합한 것이며, 여기서는 트레이딩이나 개별 주식 장기투자의 구체적인 기법에 대해서는 언급할 여유가 없었다. 관심이 있는 분은 이 책의 참고문헌을 읽기를 바란다.

세계 시장 포트폴리오에 투자할 경우, MSCI 월드 인덱스와 직접 연동하는 국내 펀드가 없기 때문에, 앞에서 언급했듯이 국내 시장을 제외한 MSCI 국제 인덱스•와 토픽스를 85대 15의 비율로 조합하게 된다. 다만, 국내 인덱스 펀드는 연 1% 정도로 높은 신탁 보수를 지불해야 하기 때문에 이익을 압박하는 요인이 될 수 있다.

투자 비용을 더욱 낮추려면 미국 시장의 ETF(상장형 투신)를 활용하면 된다. 이 경우에는 S&P500 인덱스에 연동하는 스파이더스와 미국 이외의 주요 시장의 인덱스인 EAFE(EFA)를 50대 50으로 조합함으로써 세계 주요 기업에 분산투자할 수 있다. 이렇게 하면 연 0.1~0.3%의 투자 비용만 지불하면 되기 때문에 일반적인 인덱스 펀드보다 수익 면에서 훨씬 유리하다.

• 일본의 기관 투자자 및 투자신탁은 해외 주식 투자를 할 때, 일반적으로 일본을 제외한 23개 국으로 구성된 MSCI 국제 인덱스를 이용한다.

스파이더스 등 일부 ETF는 국내 증권사에서도 취급하고 있다. 다만 신용거래나 개별주 옵션 등을 이용하여 복잡한 포지션을 구성하고 싶다면, 미국의 증권사에 직접 계좌를 트는 수밖에 없다. 미국채를 담보로 신용거래나 선물거래로 레버리지 효과를 이용하거나, 콜옵션을 팔아서 프리미엄을 취할 수 있다. 또 공매도나 풋옵션을 이용해 주가 하락으로 인해 발생하는 손실을 일정 부분 보전할 수도 있다. 이러한 기법을 활용할 수 있게 된다면 당신의 투자 세계는 크게 확장될 것이다.

해외 금융기관을 이용하는 비용도 대폭 감소했다. 1만 달러를 위의 ETF에 투자할 경우, 외환 FX거래로 하는 환매(달러/엔 10전일 때 환매 수수료는 1,000엔), 해외 송금(송금 수수료 약 4,000엔), 주식 구입(약 3,000엔) 에 따르는 비용을 모두 합쳐도 8,000엔 정도면 충분하다. 투자 비용 비율이 0.67%에 그치기 때문에 국내에서 인덱스 펀드(통상적인 판매 수수료는 1~2%)를 매입하는 것보다 훨씬 저렴하다. 송금 수수료와 주식매매 수수료는 정액이므로 투자 금액이 커질수록 이 비율은 더욱 내려간다.

하지만 이 방법들은 상당히 높은 수준에 속한다. 처음에는 국내 증권사나 금융상품을 이용해도 충분할 것이다.

마진콜을 당한 날

5년여 전의 어느 겨울 밤. 나는 캄캄한 방에서 미국에서 전화가 걸려오기를 숨죽여 기다리고 있었다.

시계 바늘이 정확히 오후 11시를 가리켰을 때 전화 벨이 울렸다. 선물중개회사로부터의 마진콜^{Margin Call}(추가증거금 납부 요구)이었다. 나는 손실이 난 포지션을 청산할지 추가증거금을 송금할지의 갈림길에 섰다. 이 상태를 이른바 '마진콜을 당했다'고 한다.

추가증거금은 주가가 대폭 하락한(공매도를 했을 경우는 상승한) 경우에 발생한다. 손실이 발생하여 증거금이 유지증거금 미만으로 하락하게 되면 중개회사는 투자자에게 부족한 금액을 충당하도록 요구한다. 고민스러운 것은 이렇게 큰 변동이 발생한 뒤에는 반등이 일어날 가능성이 높다는 것이다. 통계적으로 보면 손절매를 하기보다 추가증거금을 지불하여 마진콜에 응하는 편이 유리하다고 한다. 하지만 기대와 달리 주가가 추가 하락(상승)하면 손실이 확대되어 모든 자산을 잃는다. 주식 시장의 역사에는 파산한 투기꾼들의 무수한 비석이 새워져 있는데, 그들은 단 한 사람도 예외 없이 이 과정을 충실히 밟다가 최후의 날을 맞이했다.

나는 주말 이틀 동안 어떻게 할지 고민했지만 결국 결론을 내지 못했다.

전화한 사람은 젊은 남성이었다. 그는 친근한 어조로 이렇게 말했다.

"잘 지내시죠? 의견을 좀 듣고 싶어서 전화했습니다."

기분 나쁠 정도로 쾌활한 그의 목소리를 듣고서야 나는 겨우 체념할 수 있었다. 모든 포지션을 청산하겠다고 말하자 "그거 좋은 생각입니다."라고 그는 흔쾌히 동의하며 친절하게 덧붙였다.

"손님 대신에 제가 절차를 밟아주죠."

예상대로 그날 나스닥은 크게 반등했다. 만약 그대로 버텼다면 손실 금액 대부분을 회복할 수 있었을 것이다. 그러나 이상하게도 후회는 없었다.

내가 투기를 권유할 마음이 들지 않는 것은 언젠가는 반드시 손실을 입기 때문이다. 주식 투자가 확률 게임인 이상, 그것은 결코 피할 수 없는 숙명이다. 프로 도박사(투기꾼)는 그런 리스크를 감내하며 확률적으로 유리한 포지션을 갖기 위해 수단과 방법을 가리지 않고 가능성을 찾는다. 그렇게 해도 때로는 실패하며 모든 것을 잃는다.

투기를 할 때, 손실 리스크를 상정하지 않으면 대단히 강한 불쾌감을 느끼게 된다. 그 점을 미리 알고 게임으로 즐긴다면 더 할 말은 없지만 지금까지 평범하게 살던 사람이 굳이 그런 경험을 할 필요가 있을까 하는 게 내 생각이다.

1990년대 중반부터 친구들과 투자와 금융 시장에 관한 공부를 시작한 나는 그 성과를 《쓰레기 투자자》(지금은 절판되었다)라는 주식 교본서로 내놓았다. 그 과정에서 조세회피지역Tax Haven의 은행에 계좌를 트거나 미국과 홍콩의 온라인 증권사를 이용해 거래를 하고, 시카고 선물 시장에서 파생상품 거래를 하는 등 여러 가지 재미있는 경험을 할 수 있었다. 이 책은 그 무렵에 겪은 시행착오가 바탕이 되었다.

2001년 여름, 나는 문득 소설을 써야겠다는 생각이 들어 실행에 옮겼다. 그것이 처녀작인 《돈세탁》이다. 그때 이후 투자다운 투자는 거의 하지 않았다. 이 책에서 최근 주식 시장의 사정을 별로 소개하지 않아 송구스럽지만 주식 투자의 본질에는 변함이 없다고 생각한다. 시대와 환경이 변해도 돈을 벌고 싶다는 인간의 욕망은 변하지 않기 때문이다.

내가 금융 시장에서 매일 벌어지는 게임에 흥미를 잃은 것은 아니다. 지금도 선물과 옵션은 인류가 만든 최고의 도박이라고 생각한다. 하지만 40대 중반을 넘기면서 앞으로 나에게 남은 시간은 유한하다는 걸 알게 되었다. 소설을 쓰는 틈틈이 투자를 할(또는 투자를 하는 틈틈이 소설을 쓸) 정도의 재능을 타고나지 않은 이상, 하나를 선택하면 하나를 버려야 하는 것이다.

시장에는 각종 정보와 억측이 난무하고, 사람들은 일확천금을 바라는 잘못된 욕망 때문에 거짓과 진실을 구별할 수 없게 된다. 정신을 바짝 차리고 있지 않으면 자신을 객관적으로 볼 수 없게 되는 것이다. 내가 겪은 소소한 경험들이 그런 일로 돈과 시간을 낭비하지 않도록 하는 데에 도움이 된다면 더 바랄 나위가 없겠다.

마지막으로 양해를 구하지만, 나 자신은 이 책에서 말한 '합리적인 투자법'을 실천하지 않았다.

사람에게는 올바르지 않은 일을 할 자유도 있기 때문이다.

다치바나 아키라

| 참고 문헌 |

주식 투자 교실에 참가하거나 주식 투자 입문서와 잡지를 사는 것은 이 책들을 읽고 나서 해도 늦지 않다. 하지만 그때는 그럴 필요를 느끼지 못할 가능성이 크다.

• 트레이딩 관련 서적

《시장의 마법사들^{Market Wizards}》(잭 슈웨거 저, 이레미디어, 2008) 카리스마 넘치는 트레이더들을 찾아가 성공의 비결을 밝히려고 시도한 획기적인 논픽션. 시장의 포로가 된 도박사들의 열정이 생생하게 전달된다.

《선물 투자 핵심 가이드^{The Definitive Guide to Futures Trading}》(래리 윌리엄스 저, 국내 미출간) 세계적인 선물투자자 래리 윌리엄스가 이야기하는 기술적 분석 기법. 독자는 "승리를 위해 이렇게까지 하는가." 하고 충격을 받을 것이다. 다만, 여기서 소개된 기법은 너무 많이 알려져 지금은 효력을 잃었다.

• 개별 주식 장기투자 관련 서적

《워런 버핏의 완벽투자기법^{The Warren Buffet Way}》(로버트 해그스트롬 저, 세종서적, 2005) 이 위대한 투자자에 관한 책은 수없이 많지만 그 중에서 한 권을 고르라면 워런 버핏이 한 말을 토대로 그의 투자법을 상세하게 검토한 이 책을 권한다.

《전설로 떠나는 월가의 영웅^{One Up on Wall Street}》(피터 린치 저, 국일증권경제연구소, 2009) 세계 최대의 뮤추얼 펀드인 마젤란펀드를 운용하여 전미를 석권한 펀드매니저 피터 린치가 개인 투자자를 대상으로 쓴 입문서. 그는 철저한 종목 연구와 저평가주 투자로 시장평균 수익을 상회하는 실적을 거두었다.

《현명한 투자자^{The Intelligent Investor}》(벤저민 그레이엄 저, 국일증권경제연구소, 2007) 워런 버핏의 스승이 쓴 투자의 영원한 바이블. 저평가주 투자의 모든 기법이 이 책에 고스란히 담겨 있다.

• 인덱스 펀드 관련 서적

《시장 변화를 이기는 투자:랜덤워크^{A Random Walk Down Wall Street}》(버튼 G. 맬킬 저, 국일증권경제연구소, 2009) 개인 투자자에게 인덱스 펀드가 가장 합리적인 투자법임을 알기 쉽게 설명한 명저이다.

《세계 금융 시장을 뒤흔든 투자 아이디어^{Capital Ideas}》(피터 L. 번스타인 저, 이손, 2006) 노벨상 수상 경제학자들을 등장시켜 재무이론의 발전사를 생생하게 그린 걸작. 동 저자의 《리스크 : 위험, 기회, 미래가 공존하는^{Against the Gods : The Remarkable Story of Risk}》(한국경제신문사, 2008)와 함께 읽으면 한층 더 재미있다.